薩摩藩の参観交替

— 江戸まで何日かかったか —

上野堯史

ラグーナ出版

まえがき

　江戸幕府による参観交替制度の成立は、1635（寛永12）年の「武家諸法度」によるとされる。私は、以前から参観交替制度に興味を持っていたが、制度に伴う礼式などの実相を研究する意図はなく、主に興味があったのは「薩摩藩は江戸まで何日かかったか」であった。参観交替の成立に関する研究は数多くあるが、日数に着目した研究は一つもなく、私はぜひその研究に取り組みたいと考えた。

　私が研究資料として主に用いたのは、鹿児島県史料「旧記雑録」である。その中の記録は、単に出発・到着の事実のみを記しただけのものもあり、全ての記録が旅程期間の日付、宿泊地等を正確に記してあるわけではない。本書中で参観実例として挙げざるを得なかったのが、19世紀幕末の島津斉彬の参観の旅であったのはいささか残念である。17・18世紀に、より詳細な記録があったらよかったのだが。

　もっとも最初の研究課題は日数計算ではなく、まず「参観交替とは何か」「それは何年に始まったのか」を特定することであった。特に、何をもって参観交替の成立とするのかを考究した。一般的には、「江戸と一年交替に往復する、妻子を常住させる」とするが、それは同時に始まってはいないし、参観交替に伴う礼式も段階的に整えられたようである。

　ところで、本書では「参勤交代」ではなく、「参観交替」と表記してある。大名が江戸に赴くのは、記録に「述職」とあるように、将軍に謁見して自分が任命された藩の実情を報告するためである。江戸に着いた大名は、直ちに到着した旨を報告する。これを受けて、幕府は老中を藩邸に派遣し慰労する。後日登城の命が下る。そして大名が将軍に謁見する。このような礼式の意味も込めて、私は「参勤交代」ではなく「参観交替」とした。

　本書は、私が2007（平成19）年に作成した「薩摩藩の参観交替」を改訂したものである。本書が今後の諸研究の一助となれば幸いである。

例言ならびに参考図書等

[例言]
1. 図表等で閏月の表現に当たっては、数値化してエクセルで計算する必要上、例えば「閏1月」は「1.5」というふうに表現してある。また図表等では「閏12月」は「1月」に含め、同様に「閏1月」を「2月」というふうに見なして統計化したものもある。
2. 「参勤交代」と通常は表記するが、私は自身の判断に基づき「参観交替」とした。
3. 参観交替の日数は独自に作った和暦西暦換算表に基づき発着日を西暦に換算してから差し引いて計算するようにした。なお、本文の月日は全て史料にある和暦の月日である。
4. できるだけ史料通りの漢字を用いるようにしたが、略字も用いている（關→関など）。

[参考図書]
1. 「鹿児島県史料　旧記雑録後編　第4巻～6巻」（鹿児島県）
2. 「　同　旧記雑録追録　第1巻～8巻」（鹿児島県）
3. 「　同　島津斉宣・斉興公史料」（鹿児島県）
4. 「　同　斉彬公史料　第1巻～4巻」（鹿児島県）
5. 「　同　忠義公史料　第1巻」（鹿児島県）
6. 「　同　玉里島津家史料　1」（鹿児島県）
7. 「　同　新納久仰雑譜　第1巻～2巻」（鹿児島県）
8. 「　同　鎌田正純日記　第1巻～3巻」（鹿児島県）
9. 「鹿児島県史料集　小松帯刀日記」（鹿児島県）
10. 「鹿児島県史料集　本藩人物誌」（鹿児島県）
11. 「新薩藩叢書　第一・二巻」（歴史図書社）
12. 「鹿児島縣史　第二・三巻・別巻」（鹿児島県）
13. 「讀史總覧」（人物往来社）
14. 「日本歴史大辞典」（河出書房新社）

15.「鹿児島県の歴史」ほか（山川出版県史シリーズ）
16.「週刊日本の街道　東海道１〜５」（講談社）
17.「鹿児島士人名抄録」（高城書房）
18.「日本歴史地名大系」（平凡社）

薩摩藩の参観交替──目次

まえがき 3
例言ならびに参考図書等 4

1．参観交替全記録（含む非参観交替記録） 9

2．参観交替の成立 42

3．参観交替の経路 47
 3.1 海上路 47
 3.2 陸路 48

4．経路の利用実態 51
 4.1 西海路の経路 51
 4.2 日向路の経路 55
 4.3 九州路の経路 57

5．参観交替の規則 62
 5.1 参観交替の時期について 62
 5.2 参観交替の時期の変更 64
 5.3 上米制度による参観交替の時期の変更 65
 5.4 参観交替の供揃え 67
 5.5 参観交替の礼式 67
 5.6 参観交替は3代でする 68

6．参観交替にかかった日数 70
 6.1 参観全表 70
 6.2 下国全表 75

6.3 参観・下国両表のまとめ 79
　　6.3.1 参観 79
　　6.3.2 下国 80
6.4 参観交替の免除の場合 80
6.5 参観交替の終わり 84

7．参観の実例（島津斉彬）85

8．藩士の往還 96

9．宿駅の利用状況 102

10．まとめ 107
10.1 参観交替について分かったこと 107
10.2 未解決の課題 107
10.3 まとめの最後に 109

附録資料 110
歴代薩摩藩主の記録 110
時刻と方角 111
東海道五十三次里程表 112

あとがき 113

1. 参観交替全記録（含む非参観交替記録）

　薩摩藩の中央との往還の全てを挙げてある。このうち、参観交替期間は1624年〜1860年と解釈する。

　表中の記号について、「参観交替の内容」では◎行程、△同行者、○出典を、「参観・下国」では●参観交替、▲それ以外の往還、を示す。

資料1　薩摩藩の全往還

番号	和暦 (西暦)	藩主	参観交替の内容	参観	下国	日数	経路
1	慶長10 (1605)	忠恒	◎仲春甕城→3月大坂→3/18伏見、家康拝す→3/19秀忠謁す△家老：伊勢貞成・鎌田政近○後編4：11、22		▲		
2	慶長10 (1605)	忠恒	◎7/18伏見発、大坂→7/20大坂発△家老：樺山久高・伊勢貞成○後編4：80、82		▲		
3	慶長11 (1606)	忠恒	◎2月上旬甕府→2/14京泊→2/15京泊発→3/27芸州高崎→3月下旬伏見→4/19家康謁見→4/22家康参内御供→6/17伏見城、「家久」名賜う△家老：比志島国貞・伊勢貞昌・山田有栄・義弘使：本田親商・伊勢貞成○後編4：168、173、220、314		▲		
4	慶長11 (1606)	家久	◎7/19伏見辞す→8月上旬鹿児島△なし○後編4：220、248、252		▲		
5	慶長12 (1607)	家久	◎6/27甕府→8/26伏見滞在→初武都（江戸）→真福寺△なし○後編4：368、387、394	●			
6	慶長12 (1607)	家久	◎10月江戸→12月鹿児島△なし○後編4：400		●		
7	慶長15 (1610)	家久	◎5/16鹿児島、尚寧引率→6/4筑前芦屋→6/11室→6/19大坂津→伏見→7/20伏見発→8/6甕府→8/8家康に謁見（家久・尚寧）→8/18登城（家久）→8/20駿府発→8/25江戸（仮屋）誓願寺→8/26秀忠使者→8/27秀忠使者→8/28尚寧と登城→9/3登城饗宴（9/7も）→9/12尚寧と登城→9/16尚寧と登城、御暇賜う→琉球王：尚寧△家老：比志島国貞・伊勢貞昌△用人：三原重種・山田有栄○後編4：659、696、697、712、735、西藩野史、本藩人物誌	●		98	
8	慶長15 (1610)	家久	◎9/20江戸→木曽路（尚寧東海道）→10月伊勢→10/8伏見→11/29大坂→12/5大坂発→12/11筑前沖船破損（相之島泊す）→12月鹿児島△琉球王：尚寧△家老：比志島国貞・伊勢貞昌△用人：三原重種・山田有栄○後編4：659、696、756、757、775、776		●		

番号	和暦(西暦)	藩主	参観交替の内容	参観	下国	日数	経路
9	慶長18(1613)	家久	※質人(島津義弘娘、家久妹)江戸へ◎6/24加治木発、蒲生泊→6/25川内大小路→6/26久見崎→7/19久見崎発→10/23京都発→10/25大津発草津→10/26みなノ口→10/27関地蔵→10/28四日市→10/29桑名→10/30尾張宮→11/1岡崎→11/2吉田→11/3掛川→11/16江戸△上床藤右衛門入道・曽木五兵衛・上井次郎左衛門尉・蒲池備中守・南郷忠重・本田親商○後編4:1023、1066、1071	▲		140	西海
10	慶長19(1614)	家久	◎11/17大坂冬の陣出陣す→12/5美々津→12/29豊後森江→1/2本多正純・山口直友の書△家老:鎌田政喬・猿渡信元・三原重種△不明:東郷重位・別府景親○後編4:1073、1166、1191、1217	▲			日向
11	慶長20(1615)	家久	◎5/5鹿児島(大坂夏の陣)→5/15京泊発→5月平戸(大坂落城聞く、軍衆帰る)→5/19山口直友の書(上京求める)→6/2尼崎上陸、伏見へ→6/3家康労る→6/5家康謁見→6/12秀忠使者来る△なし○後編4:1073、1245、1257、1297、西藩野史	▲		27	西海
12	元和1(1615)	家久	◎7/29大坂→9月鹿児島※7/13より元和となる○後編4:1297、鹿児島県史第2巻		▲		
13	元和2(1616)	家久	◎仲春麑城→2/16京泊発→3/10夜大坂(〜11)→3/12京都(板倉勝重と会う)→3/14京都発→3/19駿府→3/21登城△家老:伊勢貞昌○後編4:1324、1327、1328	●			西海
14	元和2(1616)	家久	◎4/8駿府→4/20在京都、家康訃報→4/26在京都→鹿児島△なし○後編4:1334、1338、1343、1344	●			
15	元和3(1617)	家久	◎1月下旬麑府→平戸→2月大坂→4/18京都発→5月日光→5/9本多正純謝す△家老:伊勢貞昌○後編4:1381、1383、1385、1403、1404、1408	●			西海
16	元和3(1617)	家久	◎6/8江府→7/7伏見で能→7/18秀忠謁見→7/21秀忠参内御供→10月下旬着城、使者送る△なし○後編4:1410、1414、1421、1428、1469、1477		●		
17	元和5(1619)	家久	◎2月上旬麑城→3/24大坂→5/3京都歌の会→5/26秀忠迎え→6/1伏見△家老:島津久元・町田久幸○後編4:1578、1579、1591、1602、1614	▲			
18	元和5(1619)	家久	◎8月上旬義弘訃報→8月下旬麑城△なし○後編4:1628		▲		
19	元和6(1620)	家久	◎4月上旬麑府→5月下旬大坂→江都△家老:伊勢貞昌○後編4:1681	●			
20	元和7(1621)	家久	◎2月中旬江府→3月下旬麑城△家老:伊勢貞昌○後編4:1723		●		西海
21	元和7(1621)	家久	◎6月上旬麑府→6/13小倉、細川へ使(山田有栄)→6/26播州家嶋(大風)→6/27大坂着岸→6/29大坂発(急げの命)→月日不明江戸△家老:伊勢貞昌・山田有栄○後編4:1744、1748、1749	●			西海

番号	和暦(西暦)	藩主	参観交替の内容	参観	下国	日数	経路
22	元和7(1621)	家久	◎10月下旬江府→11月下旬鹿城△家老:伊勢貞昌・喜入忠政○後編4:1753		●		
23	元和8(1622)	家久	◎1月上旬鹿府→2/11在京都(秀忠娘入内祝)△なし○後編4:1762	▲			
24	元和8(1622)	家久	◎2/29京都発、帰国へ△なし○後編4:1762、1766		▲		
25	元和8(1622)	家久	◎9月鹿城→月日不明江都△家老:伊勢貞昌○後編4:1783		●		
26	元和9(1623)	家久	◎5月上旬江府→5月下旬京師(木之下第)→7/25家光参内供奉→8月京都発→閏8月中旬鹿城△家老:伊勢貞昌・島津久元(先に帰国)△供奉:児玉利昌○後編4:1793、1803、1806、1812、1815		●		
27	寛永1(1624)	家久	◎11/14鹿島→12/10出水瀬之浦発→(寛永2)2/2大坂→3/18伏見発→4/13江戸(桜田邸)→4/14上使→4/17又三郎腹不快で謁見延期→4/23家久・又三郎・岩松丸登城(伊勢貞昌らも)△妻:慶安夫人△子:島津又三郎忠元△子:島津岩松丸△子:島津万千代丸△家老:伊勢貞昌・北郷久加△納殿役:児玉利昌○後編4:1863、1865、1867、1871、1873	●		147	西海
28	寛永3(1626)	家久	◎1月上旬→1月下旬伏見→3/1府城△不明:児玉利昌○後編5:4、7、9		●		
29	寛永3(1626)	家久	閏4月上旬鹿城→6月伏見登営す→6月上旬京都→6/25秀忠参内御供→8/21中納言→9/6秀忠二条御供△なし○後編5:17、27、29、30、31、35、50	▲			
30	寛永3(1626)	家久	◎9月中旬京都→9/28鹿府、御礼使:不明△伊勢貞昌○後編5:55、56		▲		
31	寛永4(1627)	家久	◎10/19鹿府→10/25在大坂→11月下旬江戸△家老:島津久元・児玉利昌△久元子:島津久通○後編5:120、121、122、124	●			
32	寛永5(1628)	家久	◎9/19江戸→9/25今切→10/2伏見→10月下旬入薩城△なし○後編5:176、180、181		●		
33	寛永7(1630)	家久	◎1/3鹿府→2/21伏見より書→2/23伏見発→3/9江戸→3/18拝謁す△家老:島津久元○後編5:284、288、289、292、296	●		67	
34	寛永8(1631)	家久	◎6/2江戸→6/8今切より書→6/16都於郡→7/5鹿城、△謝恩使:不明△子:島津忠元△子:島津忠紀△家老:島津久元△久元子:島津久通△家久子付:児玉利昌○後編5:402、403、404、421		●	33	日向
35	寛永9(1632)	家久	◎2/18鹿城→4/2武都→4/3酒井・土井来→4/10登営す→4/12銀子1万枚拝領す△家老:島津久元・児玉利昌○後編5:497、502、503、504、509	●		44	
36	寛永11(1634)	家久	◎江戸→6月上旬京都(木之下宅)→7/18家光参内御供→閏7/20賜暇、即日帰国へ△子:島津忠元△家老:伊勢貞昌○後編5:718、741、754		●		

番号	和暦(西暦)	藩主	参観交替の内容	参観	下国	日数	経路
37	寛永12(1635)	家久	◎1月上旬甕城→2/12伏見滞在→2/13伏見発→2月下旬江都→3/1上使来る△家老:伊勢貞昌〇後編5:803、815、817	●			
38	寛永13(1636)	家久	◎5/16江戸→5/21浜松→5/24京師→6/18甕城△家老:島津久元〇後編5:916、920		●	32	
39	寛永15(1638)	光久	◎1/13見舞命令→1/14江戸→1/16駿府→1/17阿部川→1/23大坂→2/14有馬、即日発す→2/16甕府、2/23家久死去△家老:伊勢貞昌△使役:相良長広〇後編5:1175、1176、1193、1213	●		33	西海
40	寛永15(1638)	光久	◎3/17鹿児島→3/22阿久根発→芦屋→赤間関→4/2芸州鹿老渡→大坂→4/24江戸→5/8家督△家老:伊勢貞昌〇後編5:1229、1290、1295	●		38	西海
41	寛永16(1639)	光久	◎5/7江戸→大坂船→日州細島津→6/16甕府、△謝恩使:北郷久加△家老:伊勢貞昌〇後編6:24、25		●	39	日向
42	寛永17(1640)	光久	◎1/29甕府→2/20赤間関→2/25備後鞆(上使佐佐長次と会う、礼使入来院重高江戸へ)→2/28大坂→2/29伏見→3/10伏見発→3/15入来院重高江戸→3/21小田原で報告→3/23江府→3/24上使→3/28登城△家老:北郷久加・山田有栄〇後編6:112、114	●		54	西海
43	寛永18(1641)	光久	◎2/25江戸→4/2甕府、△謝恩使:種子島忠時△家老:山田有栄〇後編6:183		●	37	
44	寛永19(1642)	光久	◎1/26甕城→3/26江府→3/27上使松平信綱→4/1登城△家老:頴娃久政△旅家老:島津久通〇後編6:239、246、248、249	●		60	西海
45	寛永20(1643)	光久	◎5/15江戸→大坂船→薩州→6/17伊集院御仮屋(北郷久加に馳走す、川上久国・伊勢貞昭相伴す)→6/17甕城、△謝恩使:種子島忠時△家老:頴娃久政・新納忠秀〇後編6:309、310、311、317、323、324		●	33	西海
46	寛永21(1644)	光久	◎4/18甕府、琉使→薩之西浦→5/19大坂→6/12江府、上使→6/25登城(光久・琉使)△家老:本郷久加△監琉使(家老):山田有栄△琉使(警衛):島津忠雄〇後編6:400、401、403	●		53	西海
47	正保3(1646)	光久	◎4/26江府→木曽路→大坂船→薩西津→6/6甕城、△謝恩使:島津久守△家老:川上久国△家老代:島津久雄△副:鎌田政有〇追録1:69、79		●	40	西海
48	正保4(1647)	光久	◎1/28甕城→日州細島→2/21伊予津波→大坂→3/17江戸△なし〇追録1:125、129	●		49	日向
49	正保5(1648)	光久	◎2/13江戸→大坂船→3/7細島津→3/16甕城、△謝恩使:島津久守△家老:島津久通〇追録1:200		●	34	日向
50	慶安2(1649)	光久	◎1/26甕城→2/30大坂→3/2伏見→3/20江戸→3/24明日登城の書→3/25登城△家老:島津久通・伊勢貞昭〇追録1:263、266、268	●		54	

1．参観交替全記録　13

番号	和暦(西暦)	藩主	参観交替の内容	参観	下国	日数	経路
51	慶安3(1650)	光久	◎5/22江戸→大坂船→赤間関→薩西津→6/30甕城、△謝恩使：島津久茂○追録1：314、327		●	39	西海
52	慶安4(1651)	光久	◎2/20甕城→薩西岸→平戸→3/21大坂→4/5江府△家老：島津久頼・新納久詮○追録1：368、372、374	●		45	西海
53	慶安5(1652)	光久	◎5/5江府→6/14薩府、△謝恩使：川上久将△家老：島津久頼○追録1：426、427		●	40	
54	承応2(1653)	光久	◎4/17甕城→6/21江戸→6/23上使松平康壽→6/25登城→（琉球使泊宿：大坂→伏見→石部→関地蔵→四日市→熱田→赤坂→浜松→金谷→江尻→三嶋→小田原→藤沢）→9/20琉球使江都→9/28登城（光久・琉球使）→10/12同道日光へ→10/16参詣→10/20江戸→10/26登城（光久・琉球使）→琉球使（12月薩府）△家老：伊勢貞昭△中山王尚質使：北谷按司・国頭按司政則△使者警衛：伊集院久朝○追録1：471、478、483	●		63	
55	承応3(1654)	光久	◎5/10江戸→6/28薩府、△謝恩使：川上久運(8/19登城)△家老：鎌田政有○追録1：500		●	48	
56	承応4(1655)	光久	◎2/4甕城→日州細島→大坂→3/28江府→4/4登城△家老：島津久茂○追録1：550	●		55	日向
57	明暦1(1655)	綱久	◎4/23江府→大坂船→西海→5/27甕府、△謝恩使：相良長広△監諸般：諏訪兼利○追録1：559、本藩人物誌(諏訪兼利)		●	35	西海
58	明暦2(1656)	綱久	◎1/27甕府→西海→3/17東都→旅家老：諏訪兼利○追録1：612、621、本藩人物誌(諏訪兼利)	●		50	
59	明暦2(1656)	光久	◎閏4/16江戸→大坂船→日州細島→5/27佐土原→6/8鹿児島、△謝恩使：入来院重頼△家老：島津久茂○追録1：626、635		●	52	日向
60	明暦3(1657)	光久	◎2/2鹿児島→日州路→加治木で中止す(明暦の大火で幕府より引返せの命来る)△なし○追録1：688	中止			日向
61	明暦3(1657)	光久	◎10/6居城→薩西岸→10/18平戸発→11/11下関→大坂→12/10江府→12/11上使松平伊豆守→12/12登城△家老：新納久詮・鎌田政昭○追録1：754、760、765、768	●		64	西海
62	明暦4(1658)	光久	◎6/19江府→大坂→赤間関→薩州岸→7/27鹿児島、△謝恩使：川上久運△家老：新納久詮○追録1：789		●	38	西海
63	万治2(1659)	光久	◎2/4鹿児島→薩西地→西海→3/28江戸邸分→3/29上使稲葉正則→4/4参観之御礼△家老：伊勢貞昭△使役：喜入久甫・伊集祐玄・諏訪兼延○追録1：824、830	●		55	西海
64	万治2(1659)	綱久	◎4/29江府→6/15甕府、△謝恩使：大野久嘉△家老：鎌田政昭○追録1：832		●	47	
65	万治3(1660)	綱久	◎1/28国→3/18江府△家老：鎌田政直○追録1：863	●		50	
66	万治3(1660)	光久	◎4/13江都→大坂→薩西岸→5/28居城、△謝恩使：種子島久時△家老：伊勢貞昭○追録1：868、873		●	46	西海

番号	和暦(西暦)	藩主	参観交替の内容	参観	下国	日数	経路
67	万治4(1661)	光久	◎3/3参観→日州細島→4/3予州弓削→大坂岸→4/25江戸△家老:島津久茂・島津久頼○追録1:921、926	●		52	日向
68	寛文1(1661)	綱久	◎5/4江府→6/19霽府、△謝恩使:樺山忠則△家老:鎌田政直○追録1:929		●	46	
69	寛文2(1662)	綱久	◎2/4国→日州之駅→細島津→3/28東都△家老:伊勢貞昭○追録1:962	●		55	日向
70	寛文2(1662)	光久	◎5/25江戸→6/15大坂→7/19霽府、△謝恩使:種子島久時△家老:島津久茂・島津久頼○追録1:966、975		●	54	
71	寛文3(1663)	光久	◎3/2霽府→薩州西岸→4/3大坂→4/25江都→4/26上使阿部忠秋△家老:鎌田政直△旅家老:諏訪兼利△供奉:北郷忠長△北郷家旅家老:小杉頼利○追録1:1006、1007、1009	●		54	西海
72	寛文3(1663)	綱久	◎7/29東都→9/9帰国、△謝恩使:伊勢貞増○追録1:1026		●	40	
73	寛文4(1664)	光久	◎江府邸→大坂→薩州西岸→関5/14霽城、△謝恩使:伊集院久朝△家老:鎌田政信○追録1:1047		●		西海
74	寛文4(1664)	綱久	◎4/10国→西海→5/28江戸△家老:島津久茂○追録1:1050	●		49	西海
75	寛文5(1665)	光久	◎3/29霽府→薩州西津→大坂津→5/21江戸邸館→5/27登営△家老:鎌田正勝○追録1:1098、1106	●		52	西海
76	寛文5(1665)	綱久	◎6/25江戸→8/10霽府、△謝恩使:相良頼貞△家老:島津久茂○追録1:1108		●	44	
77	寛文6(1666)	綱久	◎4/4国→5/16江戸△家老:島津久茂○追録1:1136	●		43	
78	寛文6(1666)	光久	◎4/18江府→5/6大坂揚帆→赤間関→薩州津→6/10鹿児島、△謝恩使:種子島久時△旅家老:島津忠心○追録1:1137、1140		●	52	西海
79	寛文7(1667)	光久	◎3/26首途→4/7薩西津出船→4/27下之関→5/12大坂→5/26江戸→5/27上使板倉重矩→6/3登城△家老:島津久通△使役:桂忠保△供奉:北郷忠長△北郷旅家老:北郷久伴○追録1:1184、1185、1190	●		61	西海
80	寛文7(1667)	綱久	◎7/1東都→8/16霽府、△謝恩使:川上久處△家老:島津久茂○追録1:1199		●	39	
81	寛文8(1668)	綱久	◎3/15国→5/3参府→5/15登営△家老:新納久了△旅談合:島津久馮△使役:堀興延・二階堂信行○追録1:1235	●		47	
82	寛文8(1668)	光久	◎4/18江戸府→6/15鹿児島、△謝恩使:島津忠興△家老:町田忠代○追録1:1236		●	57	
83	寛文9(1669)	光久	◎3/22鹿児島→日州→4/21細島津船→5/1備後鞆→5/7大坂→5/25江府→5/26上使稲葉正則→5/28登城△家老:町田忠代△副:肝付兼方△使役:諏訪延・相良長清△旅使役:喜入久甫○追録1:1284、1285、1290	●		63	日向

1．参観交替全記録　15

番号	和暦(西暦)	藩主	参観交替の内容	参観	下国	日数	経路
84	寛文9(1669)	綱久	◎5/8江戸→5/29大坂船→6/28薩州水引船間島→7/1龔府、△謝恩使：諏訪八郎右衛門△家老：新納久了○追録1：1286		●	53	西海
85	寛文10(1670)	綱久	◎3/22国→西海→赤間関→4/17大坂→伏見→東海道→4/30浜松で光久と会う→5/6江府→5/10登営△旅家老：島津久馮△旅談合：平田宗正△使役：本田親武・高崎能冬○追録1：1313	●		44	西海
86	寛文10(1670)	光久	◎4/25江戸→4/30浜松で綱久と会う→5/15大坂船→6/3薩州出水脇本→6/11龔府、△謝恩使：佐多久利(8/28登城)△家老：町田忠代△副：肝付兼方△使役：諏訪兼延・相良長清○追録1：1313、1315、1332、1333		●	46	西海
87	寛文10(1670)	綱貴	◎6/10江戸→東海道→6/22伏見→6/30大坂船→西海→7/20薩州高城郡水引船間島→7/25龔府、謝恩使：島津久寧(9/15登城)△家老：島津久通△守役：川上久時・使役：平山忠知・伊ку祐位○追録1：1313、1319		●	46	西海
88	寛文11(1671)	綱貴	◎2/26参観→日州之駅→3/27細島津→4/13大坂→4/21伏見発→東海道→5/4江府→5/10登営△家老：島津久通△守役：島津久邦△使役：平山忠知・本田親平○追録1：1373	●		67	日向
89	寛文11(1671)	光久	◎5/28居城、中山王使者金武按司→6/5泊津出船→6/23播州絵島で綱久と会う→6/26大坂、滞留す→7/10伏見→7/21江府→7/23上使土屋数直→7/25登城→7/28使と登城→8/9登城(光久・金武按司)→8/19琉使江都→9/29薩府／琉使：金武按司△家老：新納久了△副：島津久英△使役：相良長清・喜入久甫○追録1：1380、1384、1387、1389、1391、1392	●		53	西海
90	寛文11(1671)	綱久	◎6/3江府→6/15伏見→6/21大坂駕船→6/23播州絵島(光久と会う)→7/22薩州京泊→7/25龔府、△謝恩使：仁礼景代△二男：島津久住△旅家老：島津久馮△談合役：平田宗正△使役：本田親武△旅使役：高崎能冬○追録1：1383、1384		●	52	西海
91	寛文12(1672)	綱貴	◎3/21参観→日州之駅→4/8細島津開船→4/19大坂→5/1伏見、光久と会う→5/3伏見発→5/16参府→5/18登城△家老：島津久馮△旅談合：種子島久時△使役：伊東祐位△旅使役：高崎能冬○追録1：1424	●		55	日向
92	寛文12(1672)	光久	◎4/18江戸館→美濃路→5/1伏見、綱久と会う→5/11大坂開帆→6/1鹿児島、△謝恩使：北郷忠昭、北郷久我付く(6/28登城、6/29登城)△家老代：島津久輝△使役：相良長清・喜入久甫・大山綱通○追録1：1428、1430		●	55	西海
93	寛文12(1672)	綱貴	◎6/18江戸→東海道→閏6/1伏見→閏6/8大坂乗船→閏6/20薩州出水郡獅子島→閏6/25船間島→閏6/30龔府、△謝恩使：伊地知重倫△家老：新納久了△守役：島津久邦△使役：平山忠知・本田親平△追録1：1429		●	42	西海
94	寛文13(1673)	綱貴	◎2/19死去芝之第○追録1：1481、1482、1483	死去			

番号	和暦(西暦)	藩主	参観交替の内容	参観	下国	日数	経路
95	寛文13(1673)	綱貴	◎3/6国→3/8薩州高城郡京泊津→3/30大坂→4/5伏見発→4/16江府→4/28登城・家老:町田忠代△使役:平山忠知・鎌田政辰○追録1:1483	●		41	西海
96	寛文13(1673)	光久	◎4/16鹿児島→雨で川渡れず→日州高岡(病気養生す)→5/28細島発→6/9大坂→6/28江戸→6/29上使稲葉正則→7/3登城△家老:島津忠守・使役:仁禮景治・喜入久甫・相良頼安○追録1:1498、1502	●		71	日向
97	寛文13(1673)	綱貴	◎8/16江戸→東海道→勢州関駅(腹痛、留まり療養)→9/4伏見→9/16大坂出船→10/14薩州出水脇元津→10/19船間島→10/22鷹城、△謝恩使:祢寝清賢△家老:町田忠代・使役:平山忠知・鎌田政辰○追録1:1510		●	66	西海
98	延宝2(1674)	綱貴	◎4/6鷹府→4/12京泊開船→4/28大坂→5/3伏見(光久と会う)→5/7伏見発→東海道→5/21江戸→5/26登城(述職之事)△家老:新納久了△使役:諏訪兼時・平山忠知○追録1:1542、1543	●		45	西海
99	延宝2(1674)	光久	◎4/18江府→5/2伏見→5/3在伏見、綱貴と会う→5/13大坂発→5/26松島瀬戸出船→中途偶難風あり→6/1出水脇本(6/3朝不慮怪我、留)→7/13鷹府、△謝恩使:桂久澄△旅家老:島津忠守・使役:仁禮景治・喜入久甫・相良頼安○追録1:1544、1547		●	84	西海
100	延宝3(1675)	光久	◎4/21参観→京泊→5/18大坂→5/26伏見(赤間関より病気、京都所司永井尚庸より医師)→8/9伏見滞在→病で一日わずかに数里→9/4江都→9/6上使土屋数直△家老:肝付久兼△旅家老:種子島久時・使役:大山綱通・高橋種十・相良長清○追録1:1600、1613	●		161	西海
101	延宝3(1675)	綱貴	◎10/1江戸→10/15伏見→10/18大坂→10/22大坂乗船開船→10/25大坂開船→11/10日州細島津→11/21鷹府、△謝恩使:伊忠英(小倉痘疹病死、伊集院久弘となる)△家老:島津忠廣・使役:平山忠知・諏訪兼時・高崎能冬○追録1:1634		●	51	日向
102	延宝4(1676)	光久	◎5/22江戸→5/25塔澤(泉湯7日)→6/2塔澤発→6/16伏見(綱貴と会う)→7/2大坂開帆→7/25脇本(滞留)→8/4鷹府、△謝恩使:島津久邦(9/15登城)△家老:肝付久兼△使役:相良長清・大山綱通・高橋種十○追録1:1662、1678、1688		●	71	西海
103	延宝4(1676)	綱貴	◎5/25述職→6/1細島→6/2細島開船→6/13大坂→6/16伏見で光久と会う→6/22伏見発→7/6江戸→7/11登城・家老:島津久馮・使役:鎌田政辰・伊東祐位○追録1:1662、1665、1668	●		41	日向
104	延宝5(1677)	光久	◎6/30鷹城→水引平島出船→8/2大坂→美濃路→9/4江戸→9/5上使稲葉正則→登営△家老:町田忠代・肝付久兼・使役:喜入久甫・高崎能冬・相良頼安○追録1:1732	●		64	西海
105	延宝5(1677)	綱貴	◎10/12江戸→10/23伏見→10/25大坂→10/28大坂乗船→10/29大坂開船→11/10日州細島津→11/16鷹府、△謝恩使:入来院重治・家老:島津久馮・使役:鎌田政辰・伊東祐位○追録1:1736		●	34	日向

1．参観交替全記録　17

番号	和暦 (西暦)	藩主	参観交替の内容	参観	下国	日数	経路
106	延宝6 (1678)	光久	◎5/21江戸→6/6伏見→在伏見(綱貴と会う)→6/21大坂開帆→7/10川内平島→7/17鷹島、△謝恩使：喜入久亮・家老：町田忠代・肝付久兼・使役：高崎能冬・喜入久甫・相良頼安〇追録1：1741、1746		●	56	西海
107	延宝6 (1678)	綱貴	◎5/21参観→5/24久見崎出船→6/9大坂→伏見(光久と会う)→6/29江戸△家老：新納久了・使役：高橋種十・平山忠知〇追録1：1743	●		39	西海
108	延宝7 (1679)	光久	◎4/18参観→5/6久見崎揚帆→6/21大坂津→7/26江都→7/27上使→8/3登城(島津久武代わる、島津久馮御供)△家老：島津久馮・種子島久時・用人：仁禮景治・大山綱通・相良長清〇追録1：1759	●		98	西海
109	延宝7 (1679)	綱貴	◎8/13江戸→8/23伏見→8/28大坂→9/1大坂乗船→9/3大坂発→9/13夜高城郡水引平島→9/15鷹府、△謝恩使：島津久寧・家老：新納久了・使役：鎌田政高・平山忠知・高橋種十〇追録1：1761		●	33	西海
110	延宝8 (1680)	光久	◎4/8江府→美濃路→4/25伏見→5/2在伏見(綱貴と会う)→5/10大坂開船→5/25赤間関(家綱死去知る、島津久武馳す)→6/18平島→6/27鷹府、△謝恩使：町田忠記△家老：島津久武△用人：仁禮景治・大山綱通・相良長清〇追録1：1773		●	78	西海
111	延宝8 (1680)	綱貴	◎4/14参観→4/16京泊出船→4/27大坂→5/2伏見(光久と会う)→5/5伏見発→5/16江戸→5/17西丸で綱吉に謁う(家綱8日死去のため)△家老：町田忠貞・肝付久兼△使役：鎌田政辰・高崎能冬〇追録1：1771	●		32	西海
112	延宝9 (1681)	光久	◎2/11発駕→2/19平島発→3/15大坂→美濃路→4/15江府→4/19上使堀田正俊→5/18登営△家老：島津久輝△用人：桂忠保・喜入久甫・相良頼安〇追録1：1801	●		64	西海
113	延宝9 (1681)	綱貴	◎7/28江戸→8/2伏見→8/4大坂→8/6大坂発→8/15日州細島津→8/19鷹府、△謝恩使：伊勢貞顕△家老：町田忠貞・使役：鎌田政辰・高崎能冬〇追録1：1807		●	21	日向
114	天和1 (1681)	吉貴	◎10/18鷹府→10/25和泉発→九州之駅→11/9豊州大裏(大里)→11/10下関→11/12下関発→中国之駅→12/6大坂→12/12伏見→12/18伏見発→東海道→1/1金谷→1/9江都芝邸△家老：島津久武△用人：諏訪兼延・大山綱道・高崎能延〇追録1：1820	●		82	九州
115	天和2 (1682)	綱貴	◎2/6鹿児島、中山王使(2/9発)→2/22平島発→2/25脇元発→3/16大坂→3/19伏見→3/22伏見発→4/6江戸→4/9登営→4/11中山王使(名護按司)登営△中山王使：名護按司△家老：種子島久時・使役：渋谷重依・伊勢貞増△家老(中山王使付)：北郷忠昭・使役(中山王使付・副)：相良長清〇追録1：1822、1823、1824	●		61	西海
116	天和2 (1682)	光久	◎5/3江府館→5/19伏見→6/7大坂発→6/22平島→7/2鷹城、△謝恩使：伊集院久孟△家老：島津久胤△用人：喜入久甫・相良頼安〇追録1：1822		●	58	西海

番号	和暦(西暦)	藩主	参観交替の内容	参観	下国	日数	経路
117	天和3(1683)	光久	◎2/22鹿児島→3/7平島発→4/5大坂→4/23江府→4/25上使阿部忠秋→4/26登営△家老:島津久胤・肝付久兼○追録1:1834	●		61	西海
118	天和3(1683)	綱貴	閏5/13江戸→6/2伏見→6/5大坂→6/7大坂乗船→6/19出水郡長島伊唐島→6/21阿久根→6/22陸路、平島→6/27甕府、△謝恩使:島津久寧(8/15登営)△家老:種子島久時・用人:桂忠保・渋谷重依○追録1:1838		●	44	西海
119	天和4(1684)	綱貴	◎2/5甕府尾畔之仮亭→2/12細島、乗船→2/18細島発→2/27大坂→2/30伏見→3/3伏見発→3/21参府→3/26登営△家老:島津久輝・島津久武△用人:鎌田政辰・相良長清○追録1:1859	●		47	日向
120	貞享1(1684)	光久	◎5/12江戸→美濃路→5/29伏見→6/11大坂乗船→6/23平島→6/29帰城、△謝恩使:新納久仲(9/1登城)△家老:島津久竹・肝付久兼△用人:比志島義時・大山綱通・高橋種十○追録1:1864, 1872		●	48	西海
121	貞享2(1685)	光久	◎2/13甕城→京泊→3/17大坂→4/1伏見発→濃州路→4/18江府、4/19上使戸田忠昌→4/25登城△家老:島津久元・北郷忠昭△用人:喜入久甫・村田経景・福屋兼貞○追録1:1893	●		65	西海
122	貞享2(1685)	綱貴	◎6/25江戸→7/13伏見→大坂→薩州長島伊唐島→脇元→出水→大口→金山(曽木・横川)→吉野村仮亭→桜島→9/6甕府、△謝恩使:伊集院久孟△家老:島津輝・番頭:喜入久亮△用人:相良長清・鎌田政辰○追録1:1919		●	70	西海
123	貞享3(1686)	綱貴	◎2/13国、郡山河田→2/14入来→2/15川内向田、乗船→赤間関(数日快晴待つ)→3/6中国駅路→3/15大坂→3/16大坂発→伏見仮亭寄らず→東海道→3/25江戸→3/28登営△家老:肝付久兼・番頭:島津久記△用人:諏訪兼時・野村廣貞○追録1:1951	●		42	西海
124	貞享3(1686)	光久	◎4/25江戸→大坂→京泊津→7/1帰城、△謝恩使:桂忠昶(9/1登城)△家老:島津久元・北郷忠昭△用人:喜入久甫・福屋兼貞・村田経景○追録1:1965		●	66	西海
125	貞享4(1687)	光久	◎2/10甕城→京泊岸→3/18大坂→3/25伏見→4/2伏見発→駅路→4/19江戸邸、上使→5/25登城△家老:島津久輝・島津久寛△用人:相良長清・大山廣通・仁禮景治○追録1:2045	●		68	西海
126	貞享4(1687)	光久	◎9/28府→大坂→12/京泊→12/13甕府、△謝恩使:島津久寧△家老:島津久寛・種子島久時△用人:鎌田政辰・大山廣通○追録1:2081		●	75	西海
127	貞享5(1688)	綱貴	◎6/6江戸→6/16駿河尻(北郷氏の使と会う)→6/23草津発(小隊で大津経て京都、所司代・平松時量邸・四条旅亭)→伏見→6/28伏見から大坂→7/10大坂乗船→7/19京泊津→8/6甕府、△謝恩使:島津久文△家老:肝付久兼・番頭:阿多基明△用人:諏訪兼時・野村廣貞○追録1:2115, 2117		●	60	西海

1. 参観交替全記録

番号	和暦(西暦)	藩主	参観交替の内容	参観	下国	日数	経路
128	貞享5(1688)	光久	◎9/18薨府→京泊→大坂→11/25江府△家老:喜入久亮△用人:喜入久甫・中神頼安○追録1:2135	●		68	西海
129	元禄2(1689)	綱貴	◎3/3参観→3/12細島津開船→3/24大坂→3/28伏見→4/2伏見発→4/18参府→4/19上使大久保忠朝→4/26登城(島津久住・忠守も)△一族:島津久住△家老:島津忠守△番頭:島津久明△用人:渋谷重依・野村廣貞・福屋兼貞○追録1:2175、2188、2189	●		45	日向
130	元禄2(1689)	光久	◎6/28江都→大坂駕船→京泊→8/28薨府之館、△謝恩使:諏訪豊兼(10/4江戸)10/10赤松則茂と老中宅→10/15登城)△家老:種子島久時△用人:喜入久甫・中神頼安○追録1:2194		●	60	西海
131	元禄3(1690)	光久	◎5/12参観→5/22薩西岸発→6/14大坂→7/23江戸→7/28上使△家老:島津久寛△番頭:新納久仲△用人:相良長清・村田経景○追録1:2266	●		71	西海
132	元禄3(1690)	綱貴	◎6/29江戸→7/18伏見→7/22大坂→8/1大坂乗船→8/2大坂出船→赤間関→脇元→西海巡見→9/3船で薨島、△謝恩使:島津久侶△家老:喜入久亮△番頭:島津久明△用人:野村廣貞・渋谷重依・福屋兼貞○追録1:2279		●	63	西海
133	元禄4(1691)	綱貴	◎2/10述職→2/18京泊津出船→3/22大坂→3/23伏見→3/26伏見発→4/10参府→4/13上使阿部正武→4/18登営(島津久治・島津久竹も)△一族:島津久治△家老:島津久竹・喜入久亮△番頭:島津久輔△用人:野村廣貞・中原尚照○追録1:2310、2311	●		60	西海
134	元禄4(1691)	光久	閏8/21江戸→大坂開帆→9/27京泊→11/3鹿児島、△謝恩使:入来院重堅△家老:島津久寛△用人:村田経景・中原尚照○追録1:2315		●	72	西海
135	元禄5(1692)	光久	◎6/13薨府→薩西岸揚帆→7/22大坂→伏見(綱貴と会う)→8/4伏見旅館発→8/25江都△家老:島津久寛△用人:村田経景・仁禮景治○追録1:2365	●		72	西海
136	元禄5(1692)	綱貴	◎7/6江戸→7/22伏見→在伏見、光久と会う→8/2大坂乗船→8/3大坂発→西海→8/26薨府、△謝恩使:島津久年△家老:喜入久亮△用人:野村廣貞・上井朗喜・富山茂賢○追録1:2366		●	51	西海
137	元禄6(1693)	綱貴	◎2/16参観→肝属巡視→2/29細島乗船→2/30細島発→3/11大坂→3/14伏見→3/17伏見発→4/2参府→4/4上使阿部正武→4/12登営(佐多久達・祢寝清雄も)△一族:佐多久達△家老:祢寝清雄△番頭:入来院重堅△用人:野村廣貞・上井朗喜・福屋兼貞○追録1:2385の2、2387	●		46	日向
138	元禄6(1693)	光久	◎4/13江府館→薨城、△謝恩使:(氏名なし)△家老:島津久寛△用人:村田経景・仁禮景治○追録1:2388		●		

番号	和暦(西暦)	藩主	参観交替の内容	参観	下国	日数	経路
139	元禄7(1694)	綱貴	◎6/1江戸→6/4小田原より馬廻率し日夜継ぐ(忠英が後に衆領す)→6/9大坂出船→豊前小倉(速馳駕)→6/16夜肥後八代球磨川(幕府派遣医師橘法眼隆庵と対話す)→6/18薩府、△謝恩使:桂忠昶△二男:島津忠英△家老:祢寝清雄△用人:野村廣貞・猿渡信安○追録1:2417、2454の(1)		●	18	九州
140	元禄7(1694)	光久	◎11/29死去(鹿児島)○追録1:2419	死去			
141	元禄8(1695)	綱貴	◎3/6述職→西海→4/6大坂→4/7伏見→4/9伏見発→4/18薩府→4/19上使大久保忠朝→4/21登営△二男:島津忠英△一族:島津久洪△家老:喜入久亮△用人:野村廣貞・猿渡信安○追録1:2481、2505	●		43	西海
142	元禄8(1695)	吉貴	◎6/10江都→6/26伏見→6/30大坂へ下る→7/4大坂乗船→7/5大坂開船→長州赤間関→7/25薩府、△謝恩使:新納久品(9/28登営)△家老:島津久輝△番頭:入来院重堅△用人:市来家賢・上井朗喜○追録1:2517、2534	●		46	西海
143	元禄9(1696)	吉貴	◎1/26参観→日州之駅→2/4細島→2/8細島開船→2/18大坂→2/22伏見→2/25伏見発→美濃路→3/10参府→3/15登営△家老:島津久輝△番頭:町田久孝△用人:市来家賢・堀興昌○追録1:2586	●		44	日向
144	元禄9(1696)	綱貴	◎6/2江戸→6/15伏見→6/18大坂→6/30大坂発船→西海→7/19薩州平島→8/4薩城、△謝恩使:鎌田政躬(9/15登営)△家老:喜入久亮△用人:野村廣貞・仮用人:伊集院久芬・渋谷重良○追録1:2617		●	63	西海
145	元禄10(1697)	綱貴	◎閏2/27参観→3/2京泊津開船→3/21大坂→3/24大坂発→3/25伏見→3/27伏見発→4/9参府→4/10上使阿部正武→4/15登城(佐多久達・喜入久亮も)△一族:佐多久達△家老:喜入久亮△番頭:北郷忠嘉△用人:村田経智・大山廣安○追録2:21、56、58、64	●		41	西海
146	元禄10(1697)	吉貴	◎6/6江府→木曽路→6/22伏見→6/24大坂→6/27大坂発船→7/29薩州和泉脇元→8/4薩府、△謝恩使:島津久雄(9/15登営)△家老:島津久輝△用人:市来家賢・堀興昌○追録2:77、107		●	58	西海
147	元禄11(1698)	吉貴	◎7/10薩府→阿久根→7/18阿久根開船→8/13大坂→8/15伏見→8/30薩府→9/15登城△家老:島津久當△用人:仁禮景治・堀興昌○追録2:241、261、277	●		50	西海
148	元禄11(1698)	綱貴	◎9/30江戸→10/13伏見→10/15大坂→10/19大坂発船→11/7日州細島津→11/15薩府、△謝恩使:桂久祐△家老:喜入久亮△用人:村田経智・市来家賢○追録2:282		●	45	日向

番号	和暦(西暦)	藩主	参観交替の内容	参観	下国	日数	経路
149	元禄13(1700)	綱貴	◎1/12国→1/15京泊乗船→1/21泊発船→1/22阿久根→2/19大坂→2/21大坂発、陸路→2/23伏見発→3/5参府→3/6上使秋元喬朝→3/15登営(北郷忠置・新納久珍も)△一族:島津忠直△家老:島津久洪・新納久珍△番頭:種子島伊時△用人:野村廣貴・相良長規△供奉:北郷忠置△北郷家家老:川上久隆△北郷家与力:細江武左衛門○追録2:663、664、714	●		53	西海
150	元禄13(1700)	吉貴	◎4/16江戸→5/4伏見→5/6大坂→5/8大坂乗船→5/11大坂発船→6/9薩州和泉脇元→6/21鹿府、△謝恩使:島津久兵(8/15登営)△家老:島津忠守△用人:仁禮景治・堀興昌○追録2:730、751		●	64	西海
151	元禄14(1701)	吉貴	◎1/12参観→九州之駅→1/30豊州大裏乗船→2/13大坂→2/18伏見→2/21伏見発→濃州駅路→3/10参府→3/15登営(島津久輝等も)△家老:島津久輝△用人:村田経智・堀興昌○追録2:878	●		58	九州
152	元禄14(1701)	綱貴	◎5/30江戸→木曽地→濃州大井駅→6/12伏見→6/13京都(所司代ほか、伏見へ還る)→6/15伏見発大坂→6/18大坂乗船→6/20大坂発船→赤間関→筑前芦屋→陸路→7/3薩州脇元→7/10鹿城、△謝恩使:島津久輔(8/28登営)△家老:新納久珍△用人:猿渡信安・野村廣貴○追録2:1011、1040		●	40	九州
153	元禄15(1702)	綱貴	◎3/10参観→3/12京泊津乗船→3/14泊津開船→4/13大坂→4/15伏見→4/16伏見発→中山道→濃州大垣→藤枝宿(吉貴と会う)→4/21参府→4/23上使→4/28登営(島津久重・喜入久亮も)△一族:島津久重△家老:喜入久亮△番頭:肝付兼柄△用人:野村廣貴・平田純音○追録2:1159、1206	●		42	西海
154	元禄15(1702)	吉貴	◎4/13江府→藤枝で綱貴と会う→4/28伏見→5/1大坂→5/4大坂乗船→5/5大坂開船→6/1豊州大裏→九州之駅→6/22鹿府、△謝恩使:鎌田正武(7/28登営)△家老:島津久輝△用人:相良長規・堀興昌○追録2:1192、1219		●	69	九州
155	元禄16(1703)	吉貴	◎3/11国→薩州脇元→3/23薩州脇元開船、天草軍浦→3/26海不順で脇元へ還る→3/28脇元発→九州之駅→4/6豊州大裏→4/8大裏から下関へ→中国路→4/22大坂→4/24伏見→4/26伏見発→5/10参府→5/15登営(島津忠守も)△家老:島津忠守△用人:赤松則春・堀興昌○追録2:1425	●		59	九州
156	元禄16(1703)	綱貴	◎6/18江戸→6/27伏見→7/2大坂→7/6大坂発船→7/19門司関で大風→7/20豊州小倉→九州之駅→8/4鹿城、△謝恩使:島津久昌(10/15江戸発す)△家老:喜入久亮△用人:野村廣貞・平田純音○追録2:1456、1462、1477、1523		●	46	九州

番号	和暦(西暦)	藩主	参観交替の内容	参観	下国	日数	経路
157	元禄17(1704)	綱貴	◎3/10参観→3/13和泉米津乗船→3/17肥前寺井川→陸路→3/19豊前大裏→駕船→3/28大坂→4/1伏見→4/6伏見発→4/18参府→4/23上使土屋政直→4/29登営（島津久健・川上久重も）△一族・島津久健△家老：川上久重△用人：野村廣貴・平田純旨・諏訪兼秩○追録2：1627、1681	●		39	九州
158	宝永1(1704)	吉貴	◎5/21都→東海道→6/6伏見→6/9大坂→6/14大坂発尼崎へ→6/15兵庫津開船→6/19豊州大裏→九州之駅→薩州和泉→7/1鷹府→謝恩使：新納久致(8/28・30登営)△家老：島津忠守△用人：赤松則春・堀興昌○追録2：1688、1734、1736		●	41	九州
159	宝永1(1704)	吉貴	◎8/21鷹府→和泉→九州之駅→8/28豊州大裏→8/30豊州大裏開船→9/10播州室津→9/11播州之駅→9/13大坂→9/14大坂発→陸路→東海道→9/19未刻芝第、同日未下刻綱貴死去す△家老：島津元明△横目頭：島津忠雄△用人：相良長規・蒲生清賢○追録2：1760、1763	●		29	九州
160	宝永2(1705)	吉貴	◎7/9江府→東海道→美濃路→7/24伏見→7/26京都錦旅亭、所司代、伏見へ還る→7/29伏見発大坂→8/3大坂乗船、海濤不順→川船で尼崎→山陰道→8/14豊州小倉→九州之駅→9/1鷹城、△謝恩使：佐多忠一(10/15登営)△家老：島津忠雄△用人：鎌田政方・相良長規・平田純旨○追録2：2000、2007		●	53	九州
161	宝永3(1706)	吉貴	◎4/5参観→西海→4/30播州室津→陸路→5/5大坂→5/9陸路伏見→5/14伏見発→東海道→6/1参府→6/3上使秋元喬朝→6/9登城（島津忠置・島津久輝も）→一族：島津忠置△家老：島津久輝・島津忠雄△用人：市来家賢・相良長規○追録2：2205、2262	●		56	西海
162	宝永4(1707)	吉貴	◎7/1江府→東海道→尾州宮駅→美濃路→清須駅止宿→7/11宣に子、富山江府へ→7/17伏見(2男・母於須磨：6/21江戸→7/11伏見、待機す)→7/21大坂→7/25大坂発陸路→7/27播州室津→7/28駕船(2男・母も)→8/10豊州大裏→8/11小倉駅→8/22薩州和泉→9/1鷹城、△謝恩使：島津久茂△家老：島津久輝△用人：市来家賢・相良長規△用人代：米良重年△賀使：富山義智△吉貴2男：島津忠五郎・忠五郎母：於須磨○追録2：2446、2485		●	60	九州
163	宝永5(1708)	吉貴	◎4/10参観→4/18和泉脇本開船→5/7播州室津→播磨路→5/12大坂→5/16伏見→5/20伏見発→美濃路→東海道→本坂→6/4参府→6/5上使土屋政直→6/12登営（島津忠直・島津忠雄も）△氏族：島津忠直△家老：島津忠雄△若年寄：種子島伊時△側用人：比志島範房・菱刈重格△表用人：市来家賢・平田純旨○追録2：2634、2678	●		54	西海

番号	和暦(西暦)	藩主	参観交替の内容	参観	下国	日数	経路
164	宝永6(1709)	吉貴	◎6/23江府→中仙道→7/9伏見→7/13川下り大坂→7/17大坂発→播磨路→7/20室津駕船→7/21室津開帆→7/25豊前田之尻、夜陸路、大里泊→7/26大里発→8/7出水→8/13甕城、△謝恩使：島津久白△家老：島津仲休△若年寄：種子島伊時・比志島範房△用人：菱刈重格・市来家賢○追録2:2834		●	50	九州
165	宝永7(1710)	吉貴	◎閏8/26鹿児島→九州路、琉使は西目海路→9/21豊前大裏、琉使も→9/22開帆→10/7播州室津→陸路、琉使は船で→10/10摂州兵庫、夜琉使と共に開帆→10/11大坂津→10/12琉使と第に入る→10/19大坂発枚方へ（船）→10/20伏見→10/25東海道→11/11江府→11/13上使本田（多）正純→11/16登営→11/18登営（吉貴・美里王子・豊見城王子）→11/21音楽演奏→11/23帰国暇（12/28江戸→翌年2/16鹿児島→3/3山川発）△一族：島津忠當△家老：島津久當△大目附側詰：比志島範房△番頭：川上久矩△用人：弟子丸宗武・市来家貴・市来家賢△中山使者：美里王子・豊見城王子△中山王使者付△家老：島津仲休△用人：相良長規△側目附：平岡之品△表目附：諏訪仲右衛門)○追録2:2985、3006、3018、3019	●		74	九州
166	正徳1(1711)	吉貴	◎7/1江府→中仙道→7/17伏見→7/18京都（所司代・近衛家へ、伏見へ還る）→7/20伏見発大坂→7/23大坂発陸路→7/27播州奈波津駕船→8/2豊前大里→九州路→8/11阿久根→8/15鹿児島城、△謝恩使：鎌田政純△家老：島津久當・島津仲休△大目附：比志島範房△用人：弟子丸定武・相良長規○追録2:3104		●	45	九州
167	正徳4(1714)	吉貴	◎9/9府城、琉球王子→吉貴陸路九州、琉使川内向田駕船→10/7豊州大里（不順滞留す）→10/17豊州大里発（琉使も）→10/25播州奈波津（吉貴陸路、琉使海路）→10/29大坂（幕命で大名の川船待つ）→11/4伏見（大名の川船協力）→11/7伏見発→近江・美濃・東海→11/13岡崎→11/26芝第→11/27上使松平信庸→11/28登営→12/2吉貴・琉使登営（島津久當・肝付兼柄も）→12/4琉使登営→琉使(12/6登営、帰国之暇)→12/21発、護送役藩士も)△家老：肝付兼柄△若年寄：比志島範房△用人：市来政芬△側用人：相良長英△将軍代替慶賀使：與奈城王子△中山王継目謝恩使：金武王子△琉使付（△家老：島津久當△側用人：島津久置△側目付：平岡之品）△権僧正：智周（上京同行す）△琉使帰国（△家老：肝付兼柄△側用人：島津久當△表用人：中神増武△側目付：伊集院久盛）○追録3:381、391、397、403、407、409、417、421、433、447	●		77	九州
168	正徳5(1715)	吉貴	◎7/9芝第→東海→7/24伏見→7/26大坂→7/28大坂発陸路→8/2播州奈波津駕船→8/13豊州大里→8/14豊州大里発→九州陸路→8/30薩城、△謝恩使：川上久東(10/15登営)△家老：島津仲休△若年寄：比志島範房△表用人：市来政芳△側用人：平岡之品○追録3:541、567		●	52	九州

番号	和暦(西暦)	藩主	参観交替の内容	参観	下国	日数	経路
169	享保1(1716)	吉貴	◎7/13府城→九州→7/28豊州大里→8/16大坂→8/24伏見→9/11芝第→9/12上使井上正岑→9/16登城(種子島久基・比志島範房も)△家老:種子島久基・比志島範房△側用人:平岡之品△表用人:蒲生清賢○追録3:708、713、745	●		58	九州
170	享保2(1717)	吉貴	◎6/25芝第→東海之駅→7/12伏見→7/14大坂→7/16大坂発陸路→7/19播州奈波津駕船→7/25豊州大里→九州之駅→8/15甕城、△謝恩使:平田正房(10/1登営)△なし○追録3:828、857		●	49	九州
171	享保3(1718)	吉貴	◎10/1磯館→蒲生路(琉使伊集院、向田開帆)→和泉地→駅路九州→10/14豊州大里(琉使も)→閏10/4吉貴播播州坂越→陸路→播州兵庫(再び駕船)→閏10/10大坂津(休止3日)→閏10/14大坂発(琉使と)、枚方泊→閏10/15伏見→閏10/18伏見発→江州・濃州・東海→11/8芝第→11/9上使久世重之→11/11登営→11/13琉使と登営→11/15楽童子の音楽→琉使(12/2江戸発、藩士護送→翌年2/6薩府)△家老:比志島範房△若年寄:名越恒渡△側用人:平岡之品→中山王慶賀使:越来王子△琉使付(△家老:北郷久嘉△用人:谷山純房・宮之原重行△使番:新納時方)△琉使帰国(△家老:島津久貴△用人:鎌田政直・谷山純房△近習:平田位充△使番:税所篤正)○追録3:956、965、977、980、989、1004、1036	●		67	九州
172	享保4(1719)	吉貴	◎6/16芝第→東海・美濃路→7/2伏見→7/10伏見発、大坂→7/17大坂発→陸路→7/21播州坂越→7/26備後鞆(駕船不快)→7/27岸に登る→8/2人数減じて陸路→9/7赤間関発、豊州大里→9/10豊州大里発→九州之駅→10/5薩州和泉之津→10/28甕城、△謝恩使:北郷久度(10/5出羽発)△家老:比志島範房△若年寄:名越恒渡△側用人:平岡之品△近習役:相良長以○追録3:1075		●	131	九州
173	享保5(1720)	吉貴	◎6/23府城→九州路・中国路→8/11大坂→8/18大坂発、伏見(名越・鎌田が先に江都へ)→8/22伏見発→美濃路・東海→9/12川崎駅より馳せ高輪邸へ、この日芝邸→9/15上使水野忠之→9/19登城(比志島範房・名越恒成も)△家老:比志島範房△若年寄:名越恒渡△側用人:種子島時成△表用人:鎌田政直○追録3:1168	●		78	九州
174	享保5(1720)	継豊	◎11/5芝邸→東海之駅路→11/20伏見→11/24大坂→11/28大坂発→山陽道→12/18赤間関(風波不順滞留)→12/20駕船、豊之大里→陸路九州→12/29薩州出夷仮館→1/1仮館発→1/5甕府四配館(新成、移之賀儀)、△謝恩使:川上久盤(2/10芝邸、2/18登営、3/1登営、3/19芝邸→4/21大坂、継豊に復命→5/19薩府)△家老:北郷久嘉△守役:相良長賢△用人:三雲定恒・高橋種長○追録3:1191、1214		●	60	九州

番号	和暦(西暦)	藩主	参観交替の内容	参観	下国	日数	経路
175	享保6(1721)	継豊	◎3/18虁府四酘館→3/19向田仮亭→3/22京泊駕船→3/28京泊港開帆→西海→4/16播州坂越→陸路→4/19大坂→4/22大坂発→4/23伏見→4/26虁発→東海之駅路→5/11芝第→5/12老中各邸へ→5/15登営△家老:島津久兵△守役:相良長賢・側用人:伊集院久盛△用人:三雲定恒・宮之原重行○追録3:1251、1253	●		53	西海
176	享保7(1722)	吉貴	◎2/16芝第→3/4伏見→3/7大坂→3/11大坂発→山陽府・西海→4/21薩府、大磯之館に入る、△謝恩使:肝付兼隆(6/1登城)△家老:比志島範房△用人代:相良長以○追録3:1357、1358		●	65	西海
177	享保7(1722)	継豊	◎5/2芝邸→東海・美濃路→5/18伏見旅亭→5/19錦小路旅亭・所司代松平忠栄第・近衛家煕第、伏見旅亭に還る→5/22大坂旅亭→5/26大坂発→5/29播州坂越港駕船→6/13州細島港→佐土原→高岡郷→6/23虁城、△謝恩使:袮寝清純(7/26芝邸、8/15登営、9/2芝邸→10/16薩府復命)△家老:島津久兵・名越恒渡△大目附格:相良長賢△用人:三雲定恒・宮之原重行○追録3:1383		●	51	日向
178	享保8(1723)	継豊	◎1/3虁府城、苗代川→1/4向田→1/8出水→1/11出水発→九州→1/22豊前大里(薩摩船不着)→1/23下之関→山陽道→2/11大坂旅亭→2/14枚方、遡流して伏見旅亭→2/17伏見発→東海駅路→3/4江都芝邸→3/5老中各邸へ→3/6上使安藤重行→3/12登営(島津久兵・名越恒渡も)△家老:島津久兵・名越恒渡△側用人:伊集院久盛△近習役及旅用人:山澤盛香○追録3:1519、1531	●		61	九州
179	享保8(1723)	継豊	◎9/27芝邸→東海駅→10/14伏見旅亭→10/19伏見旅亭発、大坂旅亭→10/25大坂駕船→11/14豊前大里→九州駅路→11/27薩州大口郷→12/1蒲生郷(小隊で行く)、大磯館(吉貴と会う)、薩府城、△謝恩使:島津久福、1/3芝邸、1/15登営、1/19登営、2/2芝邸→3/18薩府復命)△家老:島津久兵・名越恒渡△側用人:伊集院久盛△近習役:山澤盛香○追録3:1585、1590		●	64	九州
180	享保9(1724)	継豊	◎12/26府城→九州之駅→1/14豊州大里→1/15大里駕船→1/28大坂津→1/29大坂旅亭→2/3伏見→2/4伏見発→伊勢路・東海駅→2/25高輪邸(母と会う)、芝邸→3/4上使松平乗邑→3/11登営(島津久兵・名越恒渡も)△家老:島津久兵・名越恒渡△若年寄:平岡之品△用人:頴娃久周△近習役:米良重賢・山澤盛香・河野通興○追録3:1758	●		60	九州
181	享保10(1725)	継豊	◎10/11東武→10/12神名川で従駕人数減ず、鎌倉古跡を歴見、藤沢駅宿→東海・伊勢路→10/27伏見(留滞2日)→11/1大坂(留滞3日)→11/5大坂駕船→11/6難波津開帆→12/5三田尻→陸路→12/9豊州大里→九州→12/26虁城、△謝恩使:町田久芳(翌年2月江府、4/11帰国復命)△家老:島津久兵△若年寄:平岡之品△用人:頴娃久周○追録3:1815		●	75	九州

番号	和暦(西暦)	藩主	参観交替の内容	参観	下国	日数	経路
182	享保12(1727)	継豊	◎1/27府城→九州路→関1/13豊州大里→関1/14大里駕船開帆→関1/29大坂津→2/4大坂発、扁舟→2/5伏見→2/9伏見発→伊勢路→2/26芝旅邸→2/27老中各邸→2/28上使松平乗邑→3/12登営(伊集院久矩・平岡之品も)△家老:伊集院久矩・平岡之品△側用人:伊集院久盛△近習役:河野通興・山澤盛香・島津久胤○追録3:1932、1948		●	60	九州
183	享保12(1727)	継豊	◎10/9芝邸→東海・伊勢路→10/23伏見旅亭→10/26大坂旅亭→10/30大坂発→陸路→11/4播州坂越駕船→11/12尾之道→陸路→赤間関→11/20豊州大里→11/21九州の駅→薩州出水→12/1薩州出水→12/5蓑城、△謝恩使:島津久幸(翌年1/9松平乗邑第へ、1/15登営、1/21登営、2/6東武→3/26薩府)△家老:伊集院久矩・平岡之品△側用人:伊集院盛央△近習役:町田俊昌・河野通興○追録3:1992、2026		●	56	九州
184	享保14(1729)	継豊	◎1/5府城→九州→1/21豊州大里駕船→1/22大里開帆→1/30播州坂越港→山陽道→2/7大坂→2/12大坂発、→2/13伏見→2/18攻見→伊勢路・東海駅→3/5芝邸→3/7上使水野忠之→3/12登営(伊集院久矩・平岡之品も)△家老:伊集院久矩・平岡之品△側用人:町田俊昌△近習役:二階堂行孝・木村時央・諏訪輝兼○追録3:2162	●		60	九州
185	享保15(1730)	継豊	◎5/13芝邸→東海・伊勢路→5/27伏見旅亭→5/30大坂旅亭(留滞3日)→6/4大坂発→山陽の両道→播州坂越港→6/14豊州大里港→小倉府→6/27出水仮館→7/1薩府蓑城、△謝恩使:種子島意時(8/3芝邸、8/15登営、8/19登営、9/6芝邸→10/17薩府復命)△家老:伊集院久矩・平岡之品△側用人:町田俊昌△近習役:二階堂行孝・木村時央○追録4:111		●	49	九州
186	享保17(1732)	継豊	◎2/4述職→西海之駅路→2/19豊前大里開帆→3/4播州坂越港→陸路→3/10伏見旅亭→3/20伏見発→東海之駅路→4/4芝邸→4/5上使松平信祝→4/15登営△国老:伊集院久矩・家老:平岡之品△側用人:町田俊昌△近習役:木村時央・二階堂行孝・島津久胤○追録4:366	●		60	九州
187	享保18(1733)	継豊	◎5/23芝邸→東海之駅路→6/7伏見→6/9大坂旅亭→6/12難波駕舟、尼崎、西之宮宿→中山道→6/28下之関駕舟、大里→取路於西海→7/11蓑城、△謝恩使:祢寝清方(8/13芝邸、8/23登営、9/3登営、9/26芝邸→11/3登城復命)△国老:伊集院久矩・平岡之品△側用人:町田俊昌△近習役:二階堂行孝・木村時央○追録4:495		●	48	九州
188	享保19(1734)	継豊	◎2/5蓑城→九州之駅路→2/20豊之大里駕船→3/1播州坂越港→3/2山陽道→3/6大坂旅亭(留滞3日)→3/11大坂発、川沿流→3/12伏見旅亭(留滞2日)→3/15伏見発→東海之駅路→3/23途中雨に逢い、大井川川止で2日掛川駅に宿す→3/26大井川渡る→4/4芝邸→4/6上使松平輝貞→4/15登城(伊集院久矩・平岡之品も)△家老:伊集院久矩・平岡之品△側用人:町田俊昌△近習役:二階堂行孝・寺山用長・島津久胤○追録4:613	●		59	九州

1．参覲交替全記録　27

番号	和暦(西暦)	藩主	参覲交替の内容	参覲	下国	日数	経路
189	享保20(1735)	継豊	◎4/21芝邸→東海・美濃路→5/13伏見→5/15大坂→5/19大坂発(陸路)→5/22播州坂越駕船→6/5豊前大里→小倉路→6/14出水→6/18龕城、△謝恩使：川上久盤→7/23芝邸、7/28登営、9/4芝邸→10/17龕府復命△家老：伊集院久矩・平岡之品△側用人：町田俊昌△近習役：島津久賑・二階堂行孝・寺山用長○追録4：723	●		57	九州
190	享保21(1736)	継豊	◎2/2病気ながら龕城→遠行不能(1日数里)→2/7出水→2/8出水発→2/21豊前大里→2/22大里発、赤間関→中国之駅路→3/14大坂→3/19伏見→3/22伏見発→美濃路・東海→4/15芝邸→5/15継豊病気として家老樺山久初登営→7/11吉宗上使が病を問う△家老：島津久春・比志島範房△側用人：福山安村△表用人：山田有従△近習役：尾上信房・伊地知季伴・木村時央・岸章辰○追録4：843	●		74	九州
191	元文2(1737)	継豊	◎3/16「滞府養生」の願い、即日許可○追録4：1005		滞府		
192	元文3(1738)	継豊	◎12/3「来年も滞府養生」の願い、12/7許可○追録4：1270		滞府		
193	元文5(1740)	継豊	◎12/7「来年も滞府養生」の願い、許可日付不明○追録4：1560		滞府		
194	寛保2(1742)	継豊	◎12/6「来年も滞府養生」の願い、12/7許可○追録4：1854		滞府		
195	延享1(1744)	継豊	◎12/3「来年も滞府養生」の願い、12/4許可○追録4：2055		滞府		
196	延享2(1745)	宗信	◎4/27芝邸→東海・美濃駅路→雨で氾濫、連日滞留→5/30伏見旅館→6/4伏見発大坂旅館→6/11大坂発→山陽道→7/5豊州大里→九州路→7/16西薩出水郷仮館→7/22薩府、△謝恩使：島津久丘(7/16出水発→8/18芝邸、9/15登営、9/19登営、10/2芝邸→12/7薩府復命)△一門：島津貴儔△家老：樺山久初△側用人：市来政方△用人：蒲生清高△近習役：岸章辰・土持栄貞○追録4：2093	●		84	九州
197	延享3(1746)	宗信	◎1/4薩府便殿之城門→九州路→豊前大里→播州坂越→陸路→2/6大坂→2/12大坂発→2/13伏見→2/17伏見発→東海之駅→3/2芝邸→3/5上使酒井忠知→3/15登営△家老：頴娃久周△側用人：西純孚・義岡久中△近習役：本田親芳・関山金麻○追録4：2377	●		59	九州
198	延享4(1747)	宗信	◎4/23芝邸→東海駅→掛川駅→島田駅3日待つ(大井川渡れず)→5/11伏見駅仮館→5/13錦小路仮館、所司代牧野貞通邸・近衛邸、伏見へ還る→5/15伏見発、大坂→5/19大坂発→播州路→5/23坂越駕船→5/24坂越開帆→6/12豊州大里→6/13大里発→九州路→6/21薩西出水仮館→6/25薩府龕城、△謝恩使：島津久峯(8/2芝邸、8/15登営、8/25登営、翌年1/18芝邸→3/19薩府復命)△一門：島津貴儔△家老：島津久甫△側用人：伊地知季伴△用人：義岡久中△近習役：本田親芳・二階堂行通○追録4：2646、追録5：22	●		63	九州

番号	和暦(西暦)	藩主	参観交替の内容	参観	下国	日数	経路
199	寛延1(1748)	宗信	◎9/9薩城、琉使(正・副・従者98人)→9/11向田仮館→9/14琉使ら久見崎へ→9/15宗信ら久見崎駕船→9/17宗信・琉使久見崎発、北風、再出港→赤間関→11/8播州坂越→11/14宗信坂越発陸路→尼ヶ崎(宗信再駕船、琉使相会す)→大坂港(以後大名船大小43協力)→大坂仮館(休止3日)→11/18大坂発、枚方泊→11/19伏見仮館→11/22伏見発→江州・濃州・東海駅路(馬100、担夫624賜う)→11/29岡崎→12/11芝邸→12/12上使本田貞珍、この日営営→12/15登営(宗信・具志川王子・平田正輔ほか)→12/18登営(宗信・具志川王子・楽童子、音楽奏す)→琉使(12/28芝邸→翌年3/13府琉球館→4/5前浜発)△正使:具志川王子△副使:与那原親方△一門:島津久門△家老:鎌田政昌△番頭格:入来院定勝△側用人:本田親房△近習役:渋谷貫通・二階堂行通・福山安都△監琉使(△家老:平田正輔△用人:有川貞利△近習役:堀貞起)○追録5:305、307、324、329、333、342、346、357、359、398	●		121	西海
200	寛延2(1749)	継豊	◎2/4芝邸→駅路東海→2/25伏見→2/28伏見発大坂→3/6大坂発→駅路山陽・西海→4/23薩府、すぐに四配館に入る、△謝恩使:島津久命(6/1登営)※以後継豊は参観せず△一門:島津久門△家老:伊勢貞起△用人:宮之原通興△近習役:鎌田政方・三原経居○追録5:391、397		●	78	九州
201	寛延2(1749)	宗信	◎3/22芝邸→東海駅・伊勢路→4/7伏見仮亭→4/10河下り、大坂仮亭→4/14大坂発、兵庫→4/17坂越駕船→5/2豊之大里→5/4大里発→5/14薩西出水仮館→5/18薩府麑城、△謝恩使:島津久隆(6/20芝邸、7/1登営、7/19薩府復命)△家老:鎌田政昌△番頭格:入来院定勝△用人:有川貞利△近習役:二階堂行通・福山安都・渋谷貫通○追録5:424		●	56	九州
202	寛延2(1749)	重年	◎9/13薩府→九州・中国之駅→10/10大坂(留滞2日)→10/12大坂発→駅路東海→11/6江都芝第(茶亭で竹姫・菊姫と話す)△宗族:島津久峯△家老:伊勢貞起△側用人:宮之原通興△近習役:福山安都○追録5:511	●		54	九州
203	寛延4(1751)	重年	◎4/23芝邸(襲封初)→東海・伊勢路之駅→5/10伏見仮館→5/12錦小路仮館、所司代・近衛家へ、伏見へ還る→5/14伏見発大坂仮館→5/18大坂発→播州路→5/21坂越駕船→6/2豊前田之浦→6/3大里→6/4大里発→九州之駅→6/13薩西出水→6/21麑府、直行四配館、△謝恩使:北郷久傳(閏6/27芝邸、7/28登営、8/5登営、8/23芝邸→10/26薩府復命)△家老:義岡久中・鎌田政昌△用人:二階堂行通△表用人:伊集院久東△近習役:福山安都・河野通古○追録5:880		●	57	九州

1．参観交替全記録　29

番号	和暦(西暦)	藩主	参観交替の内容	参観	下国	日数	経路
204	宝暦2(1752)	重年	◎9/11居城、琉使(正・副・従者94人)→9/12向田仮館、琉使は水引大小路→9/16九州路→9/17琉使京泊へ、駕船西海→10/4重年、豊之大里駕船→10/28播州坂越→10/29坂越発→山陽道→11/3尼ヶ崎駕船→11/4大坂河口、住吉丸乗船、琉使(大名船38)、大坂仮館(休止3日)→11/8大坂発、枚方泊→11/9伏見仮館→11/12伏見発→江州・濃州・東海駅路(馬100・夫605賜う)→11/19岡崎→12/2芝邸→12/3上使秋元涼朝→12/12登営→12/15登営(重年・今帰仁王子)→12/18登営(重年・琉使正副・楽童子)、奏楽→琉使(12/28江戸→翌年3/24薩府)△琉球使：今帰仁王子(副：小波津親方△家老：義岡久中・島津久郷、側用人：本田親房・二階堂行通・福山安都・近習役：河野通古△監琉使(△家老：島津久憑△表用人：伊集院久東△近習役：伊地知季周)○追録5：1130、1133、1146、1160、1162、1168、1173	●		81	九州
205	宝暦3(1753)	重年	◎4/23芝邸→東海・伊勢路之駅→5/8伏見仮館(1日止)→5/10伏見発、大坂(留止2日)→5/13大坂駕船、尼ヶ崎→播州路→5/16坂越→5/17坂越発→5/27白州細島、火事で3日船中→6/2下船、陸行、都濃(秋月種実領)→6/3都於郡(島津忠雅領)→6/4高岡(1日止)→6/6高城→6/7都之城→6/8福山→6/9船で礱府築地亭、府城に入る、△謝恩使：喜入久福(7/11江都、7/28登営、8/28芝邸→11/6薩府)△家老：義岡久中・側用人：二階堂行通・渋谷貫通・福山安都△近習役：河野通古○追録5：1239		●	46	日向
206	宝暦4(1754)	重年	◎5/11参観、島津久方(後の重豪)伴う→九州路→5/24豊前大里駕船→6/19坂越→播磨路→6/24大坂→6/26大坂発、遡流→6/28伏見→7/2伏見発→美濃路→7/4大垣→7/5大垣発、木曽川治水工事歴覧す→東海道→金谷駅(大井川渡れず6日滞宿)→7/22芝邸→7/25上使西尾忠尚→7/28登営(伊勢貞起・新納久品も)△家老：伊勢貞起・新納久品△側用人：二階堂行通・福山安都・河野通古△近習役：迫水久芳○追録5：1457、1458	●		70	九州
207	宝暦5(1755)	重年	◎4/11下国許可→4/15お礼登城→4/17発病、延期→6/12家重使者→6/16死去→6/29薩府に訃報達す○追録5：1586、1593、1609、1623、1686、1687		死去		
208	宝暦6(1756)	重豪	◎重豪滞府、幕府監国使(4/5江戸→5/23礱府→11/3鹿児島→閏11/12江戸)→5/21継豊在国養生願許可○追録5：1838		滞府		
209	宝暦7(1757)	重豪	◎重豪滞府→4/5継豊在国養生願○追録5：1935		滞府		
210	宝暦8(1758)	重豪	◎重豪滞府→4/5継豊在国養生願→4/19登営、初拝謁→6/13登営、「重豪」となる○追録5：2010、2016、2047、2048		滞府		
211	宝暦9(1759)	重豪	◎重豪滞府→3/25継豊3ヶ年在国養生願○追録5：2171		滞府		

番号	和暦(西暦)	藩主	参観交替の内容	参観	下国	日数	経路
212	宝暦10(1760)	重豪	◎重豪滞府→7/23来年17歳、国元への御暇願う→9/20継豊死去○追録5:2378、2442		滞府		
213	宝暦11(1761)	重豪	◎4/22芝邸、初入部→東海・美濃之駅→5/11伏見仮館→5/12京師錦小路仮館、所司代・近衛家へ、伏見仮館へ還る→5/13市人・桂女を見る→5/15伏見発、京橋で駕船、大坂仮館→5/19大坂駕船、尼箇崎(尼ヶ崎)→山陽道→6/7赤間関→6/8豊前大里→九州の駅→6/19薩西出水館(士踊)→6/20阿久根(市農踊)→向田→6/22苗代川(鶴亀舞)→6/23府城、・謝恩使:島津久芳(7/23江府、9/1登営、9/25登営、10/3江戸→11/24薩府、11/25復命)△一族:島津久峯△家老:島津久品△御納側用人:福山安都△表御用人:赤松則正△御近習役:関山金郷・二階堂行寧△御納戸奉行:村上彦八・篠崎蔵太左衛門△御使番:本田六左衛門・四元庄蔵○追録5:2488、2523	●		60	九州
214	宝暦12(1762)	重豪	◎2/4甕府→2/10出水→2/11出水発→九州駅→2/21豊前大里(海上不穏、滞留3日)→2/25大里開帆→3/1予州津和港→3/2に津が港、飛脚「2/16芝邸消失」、即日村上範村を江戸へ→3/6宮島→3/7芸州廿日市浦→3/9の廿日市浦(幕府より「参府・帰国勝手」と)、還国決定す→豊前大里→九州路→3/27甕府→一族:島津久峯△家老:島津久金・島津久郷△側用人:福山安都・赤松則正・伊地知季周△近習役:四本堯安△御納戸奉行:長谷場伊角・村上彦八△御使番:本田六左衛門・三原善兵衛○追録5:2626、2643、2653、2656	中止		中止	九州
215	宝暦12(1762)	重豪	◎5/6参観→5/8薩州阿久根→5/10阿久根乗船→6/20播州坂越→播磨路→6/25大坂邸(3日)→6/29伏見→7/2伏見発→伊勢路・東海→7/17神名川→7/18神名川発、大森休み、高輪邸寄る、芝邸→7/19井上弟他へ→7/21上使松平武元→8/15登営(島津久金・島津久郷も)△家老:島津久金・島津久郷△側用人:福山安都・赤松則正・伊地知季周(近習役す)△近習役:四本堯安○追録5:2698、2699、2718	●		72	西海
216	宝暦13(1763)	重豪	◎4/28芝邸→東海・美濃路→5/13伏見邸→5/15大坂邸(5/17舟で住吉へ)→5/18大坂発→播磨路→5/21播州坂越駕船→6/3豊前大里→6/4小倉路(九州路)→小倉・福岡・久留米・柳川・熊本各藩放鷹許可す→6/14出水→6/21府城、・謝恩使:北郷久富(8/5芝邸、9/1登営、月日不明発→12/5薩府復命)△一族:島津久峯・島津久金△御用人:福山安都・赤松則正・伊地知季周・近習役:四元堯安△御納戸奉行:長谷場伊角・藤野義記△御使番:三原善兵衛・伊集院四郎○追録5:2765、2797	●		53	九州
217	宝暦14(1764)	重豪	◎3/22府城→九州路→3/26出水(嘉志久利社参拝)→4/6大里→4/7赤間関→山陽道→4/24大坂邸→4/26大坂発、河溯流し枚方→4/27伏見→4/29伏見発→伊勢路・東海→5/22芝第→6/23松平輝高邸へ→7/1登営△家老:島津久金・高橋種壽△側用人:福山安都・宮之原通直△近習役:二階堂行旦○追録6:1、54、87、89	●		52	九州

番号	和暦 (西暦)	藩主	参観交替の内容	参観	下国	日数	経路
218	明和1 (1764)	琉球	◎8/23霞府→8/30久見崎港発→9/29赤間関→10/9大坂(留滞5日)→10/15大坂発→10/16伏見(3宿す)→10/19伏見発→美濃路・東海→11/9芝邸、留守居老中邸へ→11/13登営(重豪・琉使・川田国福)→11/15奏楽・踊→11/25登営(重豪・琉使)→琉使(12/11江府→翌年2/4薩府)△琉使(正:読谷山王子、副:湧川親方)△国老:川田国福・用人:岩下方崟△近習役:島津久篝△留守居:有川貞厚・使番:矢野清香○追録6:84、109、111、133	琉球		琉球使	西海
219	明和2 (1765)	重豪	◎5/4芝邸→東海道→5/19伏見邸→5/20京・宇治→5/21大坂邸(3宿)→5/24坂路→播磨路→5/27坂越乗船→6/7豊前州大里→九州路→6/22霞城、△謝恩使:鎌田政為(7/24江府、8/1老中各邸へ、8/15登営、9/9江府→10/15薩府復命)△家老:高橋種壽・側用人:二階堂行端・宮之原通直△近習役:二階堂行旦・村上範村○追録6:151、189		●	49	九州
220	明和3 (1766)	重豪	◎1/23参観→大口路→1/24山箇野金山→1/26肥後佐敷→西海道→2/4豊前大里駕船→2/18播州坂越→2/19播磨路→2/22兵庫(布引瀧、摩耶山)→2/23大坂邸(2/24召見市人、2/26芝邸見物)→2/27枚方→2/28伏見邸(2/29京見物、3/1桃園万福寺)→3/2伏見発→伊勢路・東海→3/19芝邸→4/5上使松平康福→4/22登営(川田国福・高橋種壽も)△家老:川田国福・高橋種壽△側用人:山岡久澄△近習役:二階堂行旦・関山金郷○追録6:151、268、294		●	56	九州
221	明和4 (1767)	重豪	◎4/21芝邸→木曽路(東山道)→5/7伏見邸→5/10船で大坂→5/13大坂邸→播磨路→5/16坂越乗船→5/24日州細島(風雨で満水通津得ず、滞船)→5/29陸路→6/1佐土原(島津久柄迎える)→6/2高岡→6/3香積寺で百尺枝葉の梅観る、「月知梅」親書与える(龍福寺)、高城→6/4都之城、島津鉄熊(北郷久富)宅、福山→6/6国分より船で築地着船、府城、△謝恩使:小松清行(7/9芝邸、7/28登営、8/5登営、8/11江府→9/21本府復命)△家老:高橋種壽△用人:山岡久澄・二階堂行旦・関山金郷△近習役:川上親方○追録6:356、370		●	45	日向
222	明和5 (1768)	重豪	◎2/6府城→小倉路→2/20豊前大里、すぐ乗船→2/27播州坂越→2/28播磨路→3/2大坂邸→3/5大坂発、舟で枚方→3/6伏見邸→3/9伏見発→伊勢路・東海→3/16遠州懸川(大井川満水と聞く)→3/17遠江日坂滞宿→3/23渡河、駿州丸子→3/29芝邸→4/13上使松平輝高→4/15登営△家老:川田国福・島津久健△側用人:山岡久澄・伊地知季周・関山金郷・二階堂行旦△御納戸奉行:上村笑之丞・藤野良記△御使番:三原善兵衛・喜入休右衛門○追録6:457、477		●	53	九州

番号	和暦 (西暦)	藩主	参観交替の内容	参観	下国	日数	経路
223	明和6 (1769)	重豪	◎8/25芝邸→8/26程ヶ谷発、鎌倉(頼朝・忠久廟、鶴岡等)、戸部川満水で雪ノ下宿す→8/27藤沢→8/29沢発→9/11伏見仮館→9/13伏見発、船で大坂仮館→9/17大坂発→播州路→9/20坂越→9/21坂越駕船→9/22朝坂越発→10/1豊前大里(留滞1)→10/3大里発→九州之駅路→10/13出水→10/17府城、△謝恩使：義岡久賢(10/13出水発→11/10芝邸、12/1登城、12/7再登城、12/13東都→翌年1/24本府復命)△家老：川田国福△側用人：島津久連・山岡久澄△側用人兼近習役：伊地知季周・関山金郷○追録6：551、586、587	●		52	九州
224	明和7 (1770)	重豪	◎1/27府城→九州之駅→2/11大里(2/12風波で滞留)→2/13青龍丸他→2/27坂越津→3/2大坂邸(留滞2日)→3/5大坂発、京橋駕船→3/6伏見邸(3/7京都微行、3/8万福寺)→3/9伏見発→東海之駅路→3/16遠州掛川(大井川満水、19日まで留宿)→3/20金谷駅→3/21大井川渡る→3/23箱根(酒匂川渡れず26日まで留宿)→3/27箱根発→3/30芝邸→4/13上使田沼主殿頭(意次)→4/15登営△家老：島津久金、樺山久倫△側用人：赤松則正△側用人兼近習役：関山金郷・二階堂行旦△近習役：村上範村△御納戸奉行：上村笑之丞・鎌田政詮△御小納戸：山田明遠○追録6：633、640	●		63	九州
225	明和8 (1771)	重豪	◎5/28芝邸→東海・伊勢路之駅→6/15伏見仮館→6/21伏見発、船で大坂仮館→6/27大坂発→播州路→7/1坂越、すぐ駕船出船す→7/8豊前州大里→7/9大里発(60人が待機済み)→筑前山家、転じて肥前長崎へ→7/16長崎之仮館→7/18奉行所→7/19長崎(召見市人)、以後唐人館・出島館、紅毛船乗船ほか→8/9長崎駕船→8/14阿久根→8/15狩、阿久根大島→8/18府城、△謝恩使：末川久救(9/21芝邸、11/1登営、11/5再登営、11/15芝邸→翌年1/20本府復命)△家老：樺山久智△大目附格：赤松則正・二階堂行旦△側用人：関山金郷・島津久連△近習役：村上範村○追録6：739、759	●		79	西海
226	明和9 (1772)	重豪	◎1/25参観→九州路→2/8豊前州大里→2/9大里発→2/26播州坂越→2/27室港入港(陸1宿)→2/28発、播磨路→2/30大坂(滞府5日)→3/6大坂発→3/7伏見(留稽5日)→3/13伏見発→伊勢路・東海→3/25芝邸→4/15上使板倉勝清→4/18登営△家老：島津久金・山岡久澄も△△家老：島津久金・山岡久澄△側用人：島津久連△側用人近習役：関山金暉△近習役：薬丸兼風○追録6：857、891	●		60	九州
227	安永2 (1773)	重豪	◎閏3/15江府→東海・伊勢路→4/1大坂→4/3大坂発→播磨路→4/5播州室→4/6室駕船→4/13豊前州大里→九州路→4/21薩州出水→4/25甕城、△謝恩使：島津久前(5/28江府、7/1登営、7/11江府→9/28薩府復命)△家老：山岡久澄△側用人：島津久連・関山金郷△近習役：山田明遠○追録6：1017	●		40	九州

1．参観交替全記録　33

番号	和暦 (西暦)	藩主	参観交替の内容	参観	下国	日数	経路
228	安永3 (1774)	重豪	◎2/18本府→取道九州→2/29豊前大里→2/30赤間関→中国駅路→山崎筋→3/15伏見→3/18伏見発→伊勢路・東海→4/1芝邸、即日留守居が老中各邸へ→4/13上使松平輝高→4/15登城(山岡久澄・喜入久福も)△家老：山岡久澄・喜入久福△番頭側用人勤：関山金郷・島津久連△近習役：二階堂行旦○追録6：1164、1177	●		44	九州
229	安永4 (1775)	重豪	◎4/21江都→東海・伊勢路→5/5伏見→5/8伏見発→山崎筋→西之宮→山陽道→5/23赤間関、駕船小倉へ渡る→九州路→6/1薩州出水→6/4鹿児島、△謝恩使：島津久邦(7/8江府、7/29登営、8/13江都→9/29薩府復命)△家老：山岡久澄△側用人：関山金郷△側用人格：佐久間村央△近習役：山田明遠○追録6：1257		●	43	九州
230	安永5 (1776)	重豪	◎4/21鹿城→肥後諸州之路→豊前州大里乗船、赤間之関→山陽道之諸州→大坂仮邸(留止2日)→枚方→伏見仮亭→美濃路・東海道之諸州→6/5江戸(本年は将軍日光参詣後との命)→6/8上使松平輝高→6/11登城(島津久健も)△家老：山岡久澄△側用人：関山金郷△側用人格兼留守居：佐久間村央○追録6：1366、1386、1388	●		44	九州
231	安永6 (1777)	重豪	◎4/21江戸→東海・美濃路→5/6大坂(滞留2日)→5/9大坂発→取道中国→5/23長州赤間関→5/24大里→九州之駅→6/6鹿児島、△謝恩使：小松清行(8/15登営)△家老：山岡久澄△側用人：川上久品△側用人格：佐久間村央△近習役：市田貞英○追録6：1449、1471		●	45	九州
232	安永7 (1778)	重豪	◎1/21鹿城→西海・山陽二道之諸州→大坂→美濃路・東海道之諸駅→3/2江戸→4/1登営(島津久金・喜入久福も)△家老：島津久金△側用人兼近習役：川上久品△側用人格留守居事：佐久間村央△近習役：市田貞英○追録6：1523、1540	●		42	九州
233	安永8 (1779)	重豪	◎5/15江戸→6/28鹿児島、△謝恩使：頴娃久喬(9/7登営)△家老：島津久金△番頭兼側用人：島津久連△側用人兼近習役：川上久品△近習役：市田貞英○追録6：1615、1627		●	44	九州
234	安永9 (1780)	重豪	◎1/9本府→九州之駅路→1/20豊前大里→1/21赤間関→取道中国→1/30備前片上駅(2/1御鷹之鶴受く)→2/5大坂→2/6枚方筋、伏見→東海之駅路→2/18芝邸→2/29上使阿部正允→3/1登城(島津久健・菱刈實祐も)△家老：島津久健△側用人：川上久品△近習役：市田盛常○追録6：1665、1680	●		40	九州
235	安永10 (1781)	重豪	◎3/28江戸→4/3駿州藤枝(大井川満水と聞く)→4/4島田→4/5水減渉る、遠州袋井→4/13伏見(滞宿3日)→4/17伏見発→山崎路→中国之駅路→5/3赤間関→5/4豊前大里→取道九州→5/15鹿児島本丸、△謝恩使：島津久連△家老：島津久金△側用人：平田位就△側役：二階堂行充・市田貞英○追録6：1748		●	47	九州

番号	和暦(西暦)	藩主	参観交替の内容	参観	下国	日数	経路
236	天明1(1781)	重豪	◎6/21鶴城→西海・山陽二道之諸州→大坂→枚方→美濃路・東海道之諸駅→7/27江戸→8/4上使松平輝高→8/6登城(島津久金・宮之原通直も)△家老:島津久金△側用人:市田貞英△側役:鎌田政詮○追録6:1790、1800	●		37	九州
237	天明3(1783)	重豪	◎8/28江戸→東海之駅路→9/12伏見(滞宿2日)→9/15伏見発→取道中国→9/29赤間関→9/30豊前大里→九州之駅路→10/13鶴島本丸、△謝恩使:関山金郷△家老:島津久起△寺社奉行兼側用人:島津久連△側役:岩下方恭○追録6:1976		●	45	九州
238	天明4(1784)	重豪	◎1/13本府→取道九州→1/23筑前木屋之瀬→1/24豊前大里→中国之駅路→1/29防州花岡駅(妙心院死去急使着)、この日関戸駅泊→閏1/11大坂→閏1/12大坂発、伏見(滞宿1日)→閏1/15伏見発→閏1/16江州高宮、御鷹之鶴放く→美濃路・東海→2/1芝邸→2/6重豪、老中各邸へ→2/15登城△家老:島津久金△大目附:川上久品△側役:岩下方恭△側役格:愛甲廉盛・児玉實門○追録6:2046、2058、2076		●	48	九州
239	天明5(1785)	重豪	◎4/16帰国許可→4/19御礼登城→5/17病気延期→6/23滞府養生→9/7滞府之願→11/19江戸発湯治へ→11/25塔之澤→12/4江戸△家老:菱刈實祐○追録6:2204、2222、2230、2259、2290		滞府		
240	天明6(1786)	重豪	◎2/26疝積気痛の訴え○追録6:2349		滞府		
241	天明7(1787)	重豪	◎3/15江戸→東海之駅路→4/14桑名駅より小畑駅→4/15伊勢神宮→4/16小畑駅発→4/20伏見(淀川満水旬日滞宿)→4/30水減、大坂(3日滞坂)→5/4大坂発→中国之駅路→5/18赤間関→5/19豊前大里→取道九州→5/26奈久乗船、出水米之津→6/3鹿児島(矢来門より本丸へ)、△謝恩使:島津久宅(7/28登城)△若年寄:関山金暉△側用人:矢野清香△側用人兼側役:岩下方恭○追録6:2544、2578		●	77	九州
242	天明7(1787)	重豪	◎9/1本府→9/4出水米之津で乗船、日奈久→取道九州→9/14豊前小倉→9/15赤間関駕船→9/22播州室津(1日滞宿)→陸路中国→9/28大坂(5日滞坂)→10/3大坂発→10/4伏見(4日滞宿)→10/9伏見発→東海之数駅→10/27江戸→10/29上使阿部正倫→11/1登城(病でできず)→11/4登城(代理:島津久宅)△男:島津雄五郎△家老:市田貞英△側用人:矢野清香○追録6:2685	●		57	九州
243	寛政1(1789)	斉宣	◎5/28芝邸→閏6/1府城、△謝恩使:北郷久珉○追録6:2793、2795		●	33	
244	寛政2(1790)	斉宣	◎9/6府城、琉使→向田より斉宣陸路、琉使船→赤間関で会す→大坂で会す→11/21芝邸→11/22上使松平乗完→11/25登城→琉使(翌年3/13鶴島)△琉球使:宜野湾王子△琉球副使:幸地親方○追録7:35、51	●		75	九州

番号	和暦(西暦)	藩主	参観交替の内容	参観	下国	日数	経路
245	寛政3(1791)	斉宣	◎5/1江府→6/25麑城△なし○追録7:74、75		●	54	
246	寛政4(1792)	斉宣	◎5/28府城→木曽路→8/1芝邸→8/12上使松平乗完→8/15登城△なし○追録7:104、109	●		63	
247	寛政4(1792)	重豪	◎9/1芝邸→東海・伊勢路之駅→9/8浜松(9/9風雨で休む)、赤坂駅→9/10今切へ航す、赤坂駅→9/15伏見仮館(逗留2日)→9/18大坂旅亭(留3日)→9/22大坂発→山陽路→10/6長州吉田駅→10/7豊前小倉、筑肥数駅→10/14日奈久発薩西出水郷米之津へ、出水仮館に入る→10/16出水発阿久根宿(淹留2日)→10/19向田(淹留1日)→10/21苗代川→10/22府城、二丸、△謝恩使：谷村純章(11/24芝邸、12/1登営)△3男：島津雄五郎△側用人：矢野清香・本城輝承△側役：愛甲廉盛○追録7:119、120、127		●	51	九州
248	寛政5(1793)	斉宣	◎5/4江府→6/25府城、△謝恩使：川田国通△国老：菱刈隆邑○追録7:179、182		●	51	
249	寛政5(1793)	重豪	◎9/1国→九州之駅→9/13豊州大里乗船→9/19播州室→数駅→9/23大坂仮館(留1日)→9/25伏見仮館(留2日)→9/28伏見発→美濃路・東海道之諸駅→10/13芝邸→10/28上使太田資愛→11/1疾、面高俊直登城△3男：島津雄五郎△側用人：矢野清香△側役：愛甲廉盛・伊集院兼甫○追録7:216、228	●		43	九州
250	寛政6(1794)	斉宣	◎2/4麑城→3/27芝邸→4/13上使戸田氏教→4/15登城△なし○追録7:243、249	●		53	
251	寛政7(1795)	斉宣	◎4/27江府→6/15麑城△なし○追録7:293		●	47	
252	寛政8(1796)	斉宣	◎9/1麑城、琉使と発す→10/13江府→10/27上使→11/25琉使江府→琉使(翌年3/2鹿児島)△琉使正使：大宜見王子△琉使副使：安村親方○追録7:395、409	●		43	
253	寛政9(1797)	虎寿丸	◎1/30鹿児島→4/13江府→国老：名越盛晨○追録7:426、427、428	▲		73	
254	寛政9(1797)	斉宣	◎4/22江府→6/19麑城△なし○追録7:451、454		●	57	
255	寛政10(1798)	斉宣	◎2/1麑城→着月日不明△なし○追録7:485	●			
256	寛政11(1799)	斉宣	◎3/25江府→5/15麑城△なし○追録7:528		●	51	
257	寛政12(1800)	斉宣	◎3月中参観せよ(前年許可)→7/25在府(重豪代理務める)△なし○追録7:529、582	●			
258	享和1(1801)	斉宣	◎3/27江府→5/16麑城△なし○追録7:615		●	49	
259	享和2(1802)	斉宣	◎1/15麑城→3/3江府→3/13上使→3/15登城△なし○追録7:652	●		48	

番号	和暦(西暦)	藩主	参観交替の内容	参観	下国	日数	経路
260	享和3(1803)	斉宣	◎閏1/15重豪の代理務める→下国の記録なし△なし○追録7:719		●		
261	文化1(1804)	斉宣	◎参観の記録なし→5/2重豪の剃髪を請う(許可)△なし○追録7:743	●			
262	文化2(1805)	斉宣	◎3/22江府→5/11麑城、△謝恩使：町田久視(5/14水俣、6/14芝邸、6/18登営)○追録7:799、家わけ3(町田久視)		●	49	
263	文化3(1806)	斉宣	◎9/4麑城、琉使と発す→中途先行江府へ(幕府許可)→10/19江府→10/29上使→11/1登城→11/13琉使江府→登城と登城→琉使(翌年3/6鹿児島)→琉使正使：読谷山王子△琉使副使：小禄親方○追録7:911、斉宣33		●	45	
264	文化4(1807)	斉宣	◎9/6江府→9/23大坂(江戸へ向かう母堤氏と会う)→10/23麑城、△謝恩使：川上久芳(12/15登営、12/21登営)△なし○追録7:910、922の(1)・(2)		●	47	
265	文化5(1808)	斉宣	◎7/21麑城→9/9江府→上使土井利厚→登城△なし○追録7:958		●	48	
266	文化6(1809)	斉宣	◎6/13斉興襲封を願う(6/17許可)→10月在府願う○追録7:1000、1005、1042	滞府			
267	文化7(1810)	斉宣	◎老中が重豪の斉興補佐を命じる○追録7:1105	滞府			
268	文化8(1811)	斉興	◎5/1江府、初入部→6/27午刻鹿児島城△なし○追録7:1135		●	56	
269	文化9(1812)	斉興	◎なし△なし○なし	●			
270	文化10(1813)	重豪	◎7/3斉興が重豪の帰国温泉湯治願う(許可)→8/4重豪、高輪邸→東海道之駅路→8/16伏見→8/17川半、岸登り、西之宮へ→8/18取道中国→9/2赤間関→9/3大里→九州之駅→9/9夜五更八代乗船→9/10巳牌出水郷米之津→9/14鹿児島、武村五本松仮館、△謝恩使：島津久長(11/1登城)△当番頭兼側用人側役：伊集院兼當○追録7:1266、1283		●	40	九州
271	文化10(1813)	斉興	◎4/18上使(斉興下国許可)→4/22斉興病気、秋迄滞府願う(許可)→発月日不明江戸→9/13鹿児島△なし○追録7:1259、1292、斉興216		●		
272	文化10(1813)	重豪	◎10/21国→九州之駅→10/30豊州大里乗船→11/6播州室→数駅→11/10大坂仮邸(留2日)→11/13大坂発、遡流→11/14伏見(重豪微恙京師へ行かず)→伊勢路・東海道之駅→11/28高輪邸→11/29留守居を老中宅へ(重豪病気)→閏11/13上使土井利厚(重豪病気、代理受く)→閏11/15登営(重豪病気、代理家老島津久長)△当番頭兼用人側役：伊集院兼當○追録7:1313、1338、1340	●		38	九州
273	文化11(1814)	斉興	◎参観(発着月日不明)→4/11上使→4/15登城△なし○斉興：216	●			

番号	和暦(西暦)	藩主	参観交替の内容	参観	下国	日数	経路
274	文化12(1815)	斉興	◎5/25江府→7/16鹿児島城△なし○追録7:1435		●	50	
275	文化13(1816)	斉興	◎2/15鹿児島→播州姫路駅で御鷹之鶴受く→4/1江府△なし○追録7:1483	●		46	
276	文化14(1817)	斉興	◎4/21江府→6/6鹿児島△なし○追録7:1542		●	45	
277	文政1(1818)	斉興	◎5/25府城→7/13芝邸→7/25上使水野忠成→7/28登城△なし○追録7:1618	●		48	
278	文政2(1819)	斉興	◎4/22江府→5/9鹿児島△なし○追録7:1673		●	47	
279	文政3(1820)	斉興	◎参観(発着月日不明)→8月斉興在府(重豪斉興補佐辞める)△なし○追録7:1728、1741	●			
280	文政4(1821)	斉興	◎2/9芝邸で重豪への御鷹之鶴受く→3/4斉彬元服→5月連年国資困難、滞府請す○追録7:1789、1801、1802の(1)			滞府	
281	文政5(1822)	斉興	◎9/1登城、賀儀参加→12/26島津桃次郎(重豪子)の黒田家養子の件○追録7:1860、1861、1896			滞府	
282	文政6(1823)	斉興	◎3/21江府→5/5府城△なし○追録7:1920、1933		●	44	
283	文政7(1824)	斉興	◎1/21鹿児島城→2/22伏見、御鷹之鶴受く→3/5江府→3/13上使青山忠裕→3/15登城(使者にさせる)△なし○追録7:1979	●		45	
284	文政8(1825)	斉興	◎2/21江府→4/4鹿児島△弟:島津啓之助○追録7:2047		●	43	
285	文政9(1826)	斉興	◎1/25府城→3/14芝邸→3/29上使青山忠裕→4/1登城△なし○追録7:2103、2104、2113	●		49	
286	文政10(1827)	斉興	◎4/15芝邸→6/7府城△なし○追録7:2165、2166		●	52	
287	文政11(1828)	斉興	◎なし△なし○なし	●			
288	文政12(1829)	斉興	◎5/15家老に福昌寺重豪像代拝させる(斉興滞府)○追録7:2208、2273			滞府	
289	文政13(1830)	斉興	◎2/21江府→閏3/6鹿児島△なし○追録7:2346		●	45	
290	天保2(1831)	斉興	◎2/19在国す(重豪の従三位祝使者江戸へ送る)→5/13佐土原使者より重豪従三位の賀受く○追録7:2418、2466	在国			

番号	和暦(西暦)	藩主	参観交替の内容	参観	下国	日数	経路
291	天保3(1832)	斉興	◎9/1府城、琉使(島津久風率いる)→9/16正使死去(代わりを立てる)→9/17開帆樫崎(久見崎)→10月海田市で正使の件知る(10/12国老猪飼央の使半田が書を老中へ)→11/16琉使と芝邸→閏11/2登城→閏11/15登城→琉使(閏11/7暇賜う)→12/13江戸→翌年3/5鹿児島)△琉使正使：豊見城王子△琉使副使：沢岻親方△琉使付(△家老：島津久風)○追録7：2602、2603、2607、2608	●		75	
292	天保4(1833)	斉興	◎4/15江府→6/3鹿児島△なし○追録7：2705		●	48	
293	天保5(1834)	斉興	◎10/9発駕→着月日不明→12/2上使松平康任→12/15登城△なし○追録7：2738、鎌田1(P171)	●			
294	天保6(1835)	斉彬	◎4/27芝邸→東海道→5/14京都→5/15近衛邸→中国→九州→出水郷→6/23鹿児島(本丸矢来門入る)△国老：調所広郷△御納戸奉行：大迫経武△御小納戸頭取：二階堂行健、御小納戸：伊集院兼通、鷲頭永伝・野崎兼中△御小納戸見習：薬丸猪兵衛△御小姓：西田矢右衛門・伊集院周八、菊池太郎ほか△奥医師：富永玄安ほか○斉彬1(31、34、35)		●	56	九州
295	天保6(1835)	斉宣	◎8/29高輪邸→11/6磯別館△なし○斉彬1(31)、鎌田1(P317)		●	67	
296	天保7(1836)	斉彬	◎2/18府城→九州・中国・東海道→4/10江戸→4/13上使松平乗全→4/15登営△なし○斉彬1	●		52	九州
297	天保7(1836)	斉宣	◎9/1磯邸→伊勢神宮→鎌倉→10/28高輪邸△なし○斉彬1(39)	●		58	
298	天保8(1837)	斉興	◎3/22江府→5/9鹿児島、△謝恩使：末川近江(7/1登営)△なし○追録8：9、斉彬1(39)		●	47	
299	天保9(1838)	斉興	◎2/9鹿児島→伏見(御鷹之鶴受く)→3/27江府→4/13上使松平乗寛→4/15登営△なし○追録8：19、25	●		49	
300	天保10(1839)	斉興	◎3/6江府→5/3鹿児島城△なし○追録8：42		●	56	
301	天保11(1840)	斉興	◎2/6鹿児島→3/11伏見駅(近衛忠熙より官服を賜う)→江戸(3月中か)△なし○追録8：55、79の(1)、鎌田2(P15)	●			
302	天保12(1841)	斉興	◎閏1/19江府→3/12鹿児島△なし○追録8：61		●	53	
303	天保13(1842)	斉興	◎8/22琉使と発す、伊集院泊→8/23水引大小路(25日まで滞在)→8/26久見崎乗船(根占丸)→9/1久見崎出帆→10/9大坂木津川月正島→10/11大坂御屋敷(14日まで滞在)→10/15枚方→10/16伏見(19日まで滞在)→10/20伏見発→美濃路・東海→11/8江戸→琉使(翌年3/2鹿児島)△琉使正使：浦添王子△琉使副使：座喜味親方△御家老・大目附：赤松主水○追録8：77、斉興409	●		75	西海

番号	和暦(西暦)	藩主	参観交替の内容	参観	下国	日数	経路
304	天保14(1843)	斉興	◎発月日不明→5/11着城△なし○斉興(437、504)、鎌田2(P392)		●		
305	天保15(1844)	斉興	◎2/6鹿児島→2/18豊前小倉駅(御鷹之鶴受く)→3/25江府→5/1登営△家老:調所広郷・島津将曹△御側役:伊集院織衛・伊木七郎右衛門○追録8:97、斉興(451、457)、鎌田2(P478)	●		50	西海
306	弘化2(1845)	斉興	◎1/25江府→3/9鹿児島△なし○追録8:106		●	44	
307	弘化3(1846)	斉興	◎2/4鹿児島→4/2江府→4/13上使青山忠良→4/15登城△なし○追録8:115	●		58	
308	弘化3(1846)	斉彬	◎6/8江府→7/25鹿児島△家老:島津将曹△御側役:種子島時昉・名越彦大夫△御小納戸:島津藤馬・伊集院兼通○追録8:117、斉彬1(70)		●	48	
309	弘化4(1847)	斉興	◎1/19江府→2/18伏見→2/19大坂御屋敷→3/8鹿児島△家老:調所広郷○追録8:121、斉興(542、546)、斉彬1(71)		●	49	
310	弘化4(1847)	斉彬	◎3/15鹿児島、苗代川→3/16向田→4/9備前藤井駅(松平美濃守と会う)、竹上(片上)→4/16住吉社→4/20・21近衛家→4/24伏見発、草津→5/10江府→5/12上使→5/15登城△国老:島津将曹△御側役:種子島時昉○追録8:121、斉興(542、546)、斉彬1(71、80、81)	●		55	九州
311	嘉永1(1848)	斉興	◎8/21鹿児島→9/26伏見→9/27伏見発→10/10江府→10/13上使牧野忠雅→10/15登城△家老:調所広郷△御側役:吉利久包・伊集院織衛○追録8:146、斉興599、鎌田3(P196~198)	●		49	
312	嘉永2(1849)	斉興	◎2/4江府→3/24鹿児島→江戸藩邸番頭鎌田図書(閏4/3御礼使となる、閏4/15登城、閏4/24御礼済む)△種子島時昉・吉利久包・伊集院平ほか○追録8:151、斉興(595、637)、鎌田3(P233)		●	50	
313	嘉永3(1850)	斉興	◎8/21琉使と発す→10/30江府→11/13上使戸田忠温→11/15登城(斉興・斉彬・玉川王子)→11/19登城(斉彬・玉川王子)、音楽奏す→琉使(12/12江戸→翌年2/17鹿児島)→12/28斉興隠居、斉彬正使:玉川王子△琉使副使:野村親方△琉使護衛(△家老:川上久封)○追録8:163、164、斉興684、鎌田3(P362~368)	●		69	
314	嘉永4(1851)	斉彬	◎3/9江戸邸→東海道→3/23伏見(3日滞在、近衛家・所司代訪問)→大坂邸(3日滞在)→中国→九州→5/3出水郷麓村仮屋(島津忠剛等出迎え、1日滞在)→5/5隈之城向田(久見崎へ、文禄の役の春日・小鷹2船見る)→5/8苗代川村(鶴亀踊見る、島津豊後等出迎え)→5/9入城、△謝恩使:小松清猷△家老:島津将曹△御側役:種子島時昉・竪山利武・山口直記○斉彬1(156、164、165)		●	60	九州

番号	和暦(西暦)	藩主	参観交替の内容	参観	下国	日数	経路
315	嘉永5(1852)	斉彬	◎8/23鹿児島→9/20大坂→9/24伏見→9/26伏見発→10/9江戸→10/10閣老宅へ→10/13上使松平忠優→10/15登城(末川久平・竪山利武も)△家老：末川久平△御側役：竪山利武・名越彦大夫△御納戸奉行：鷲頭永伝△御小納戸：山田為正・福崎七之丞・川上郷兵衛△御小納戸見習：早川務○斉彬1(226)、斉彬4：山田為正日記類8(3)	●		46	九州
316	嘉永6(1853)	斉彬	◎5/2辰刻発邸→中山道→5/17伏見(中3日滞在)→6/18出水→6/19阿久根→6/20向田→6/21苗代川→6/22御着城、御国帰：不明△御側役：竪山利武・名越彦大夫△御納戸奉行：伊集院俊徳△御小納戸：川上郷兵衛・山田為正・福崎七之丞△御小納戸見習：早川兼照・井上正庸・早川黒○斉彬1(262)、斉彬4：山田為正日記類8(4)		●	50	九州
317	嘉永7(1854)	斉彬	◎1/21御発途、苗代川→1/24西方休憩(1/9浦賀来航の飛報来る)→3/6江戸→3/15営営△国老：島津豊後△御側役：竪山利武・名越彦大夫・山口直記○斉彬2(1)	●		45	九州
318	安政2(1855)	斉興	◎9/22江府→大口→11/10鹿児島玉里邸△御側役：有馬人齋・得能通古○追録8：229、斉彬2(108)		●	48	
319	安政4(1857)	斉興	◎1/28玉里邸→3/18江府高輪邸→3/28上使堀田備中守→4/1登城(使者、斉興疾あり)△なし○追録8：240、斉彬2(441)	●		50	
320	安政4(1857)	斉彬	◎4/1江戸邸→5/24御着城△御側役：竪山利武○斉彬2(441)		●	53	九州
321	安政5(1858)	斉興	◎8/26江府→9/14大坂発→中国・九州路→10/3大里→10/11鹿児島玉里邸△家老：島津豊後△御側役：得能通古○追録8：264、新納久仰雑録2		●	46	九州
322	安政5(1858)	忠義	◎11/4鹿児島→12/25江府→12/28登城(代理：中津藩主奥平昌服)△なし○追録8：276	●		52	
323	安政6(1859)	忠義	◎3/15登城(御暇の礼)→3/18武家諸法度拝受す→3/25江戸→5/15出水→5/17向田→5/18苗代川→5/19蘽府、謝恩使(御礼使)：島津久徴△家老：島津豊後△竪山武兵衛・町田式部など○忠義1(23、26、28)、新納久仰雑譜2(P567、588)		●	54	九州
324	安政7(1860)	忠義	◎3/13参観→3/20瀬高駅(桜田門外の変を知る)→3/23松崎→3/24松崎滞在→3/25病気で引き返す、家老川上を江戸へ→閏3/2鹿児島→閏3/9幕府許可(快気次第出立)△家老：川上久美・御側役：山口直記・山田為正○忠義1(201)、鹿児島県史第3巻	中止			
325	文久1(1861)	忠義	◎参府猶予願(病気、許可出ず)→12/7藩邸焼亡→再度猶予願→幕府(来年9月まで猶予する)○追録8：334、鹿児島県史第3巻	在国			

1．参観交替全記録　41

番号	和暦(西暦)	藩主	参観交替の内容	参観	下国	日数	経路
326	文久2(1862)	久光	◎3/16御発駕→4/1下関発(海路)→4/3播州室津上陸→4/6姫路→4/8大蔵谷→4/9兵庫→4/10大坂→4/13伏見→4/16京都で周旋(天皇の裁可)→4/17京都錦小路藩邸→4/18,19決起藩士説得命じる→4/23寺田屋事件→5/22京都発(勅使大原重徳同行す)→5/25桑名駅→6/7江戸(高輪藩邸)→6/10登城○家老座出仕側役：小松帯刀△小納戸頭取：中山尚之介・大久保利通○追録8：337、341、355、365、忠義1(539)		▲	81	
327	文久2(1862)	久光	◎8/21江戸発、生麦事件、保土ヶ谷泊→閏8/8京都→閏8/23退京→閏8/29大坂出帆→9/4阿久根→9/7鹿児島○家老座出仕側役：小松帯刀△小納戸頭取：中山尚之介・大久保利通○追録8：372の(1)、373、大久保利通日記、鹿児島県史第3巻		▲	46	
328	文久3(1863)	久光	◎3/4前之浜出帆、山川→3/5山川発、宮崎外之浦→3/6～3/8外之浦滞船→3/9外之浦出帆→3/10伊予御手洗沖(佐土原藩主と対話)→3/11兵庫→3/12山崎路へ、中途1泊→3/13伏見通り京へ、近衛家参殿、知恩院泊→3/14宮様・一橋・山内容堂挨拶回り→3/17上書△なし○追録8：401		▲	10	日向
329	文久3(1863)	久光	◎3/18出京、川下り→3/19大坂滞在(呼び返しの使、断る)→3/20朝乗船、出帆→3/22夜白御乗切→3/22朝、細島(以後細島滞在)→4/3細島発→4/5高岡→4/8高岡発→4/8忠義、国分で迎える→4/10重富泊→4/11白金坂・吉野通り、着城(予定4/9)○国老：小松清廉△御側役：島津久籌・中山實善○追録8：401、412の(1)・(2)、忠義2(279、282)		▲	24	日向
330	文久3(1863)	久光	◎9/12鹿児島→出水・川尻・大津・久住など→9/23鶴崎→9/26佐賀関→9/27佐賀関出帆(幕府汽船)→9/29兵庫→10/3入京、二本松藩邸△なし○追録8：450、453、456、大久保利通日記、鹿児島県史第3巻		▲	21	九州
331	元治1(1864)	久光	◎4/18京都発大坂(3日滞留)→5/8鹿児島△なし○鹿児島県史第3巻		▲	20	

※最後の藩主は島津忠義だが、この表では島津久光まで入れた関係で、久光の場合は●印とすべき所を▲印にしてある

　記録の後半はほぼ出発と帰国の日を記すだけとなった。幕末に至っては、さらに詳しい記録も出てくるが、一番ほしいのは江戸中期の細かな記録である。参観交替に随行した人の記録が出てくればありがたいのだが、今回は叶わなかった。

2. 参覲交替の成立

資料1　1605年〜1632年までの上方・江戸との往還

番号	和暦(西暦)	藩主	参覲交替成立までの動き	動きの要点	参覲	下国
1	慶長10(1605)	忠恒	仲春甕城→3月大坂→3/18伏見、家康拝す→3/19秀忠謁す	鹿児島から伏見へ	▲	
2	慶長10(1605)	忠恒	7/18伏見発、大坂→7/20大坂発	伏見から鹿児島へ		▲
3	慶長11(1606)	忠恒	2月上旬甕府→2/14京泊→2/15京泊発→3/27芸州高崎→3月下旬伏見→4/19家康謁見→4/22家康参内御供→6/17伏見城、「家久」名賜う	鹿児島から伏見へ	▲	
4	慶長11(1606)	家久	7/19伏見辞す→8月上旬鹿児島	伏見から鹿児島へ		▲
5	慶長12(1607)	家久	6/27甕府→8/26伏見滞在→初武都(江戸)→真福寺	鹿児島から江戸へ	●	
6	慶長12(1607)	家久	10月江戸→12月鹿児島	江戸から鹿児島へ		●
7	慶長15(1610)	家久	5/16鹿児島、尚寧引率→6/4筑前芦屋→6/11室→6/19大坂津→伏見→7/20伏見発→8/6甕府→8/8家康に謁見(家久・尚寧)→8/18登城(家久)→8/20甕府発→8/25江戸(仮屋：誓願寺)→8/26秀忠使者→8/27秀忠使者→8/28尚寧と登城→9/3登城饗宴(9/7も)→9/12尚寧と登城→9/16尚寧と登城、御暇賜う	鹿児島から江戸へ	●	
8	慶長15(1610)	家久	9/20江戸→木曽路(尚寧東海道)→10月伊勢→10/8伏見→11/29大坂→12/5大坂発→12/11筑前沖船破損(相之島泊す)→12月鹿児島	江戸から鹿児島へ		●
9	慶長18(1613)	家久	6/24加治木発、蒲生泊→6/25川内大小路→6/26久見崎→7/19久見崎発→10/23京都発→10/25大津発草津→10/26みな口→10/27関地蔵→10/28四日市→10/29桑名→10/30尾張宮→11/1岡崎→11/2吉田→11/3掛川→11/16江戸	加治木から江戸へ(義弘の娘)	▲	
10	慶長19(1614)	家久	11/17大坂冬の陣出陣す→12/5美々津→12/29豊後森江→1/2本多正純・山口直友の書	鹿児島から豊後森江へ(大坂冬の陣)	▲	
11	慶長20(1615)	家久	5/5鹿児島(大坂夏の陣)→5/15京泊発→5月平戸(大坂落城聞く、軍衆帰す)→5/19山口直友の書(上京求める)→6/2尼崎上陸、伏見へ→6/3家康労う→6/5家康謁見→6/12秀忠使者来る	鹿児島から伏見へ(大坂夏の陣)	▲	

2．参観交替の成立　43

番号	和暦(西暦)	藩主	参観交替成立までの動き	動きの要点	参観	下国
12	元和1(1615)	家久	7/29大坂→9月鹿児島※7/13より元和となる	大坂から鹿児島へ		▲
13	元和2(1616)	家久	仲春鷹城→2/16京泊発→3/10夜大坂(〜11)→3/12京都(板倉勝重と会う)→3/14京都発→3/19駿府→3/21登城	鹿児島から駿府へ	●	
14	元和2(1616)	家久	4/8駿府→4/20在京都、家康訃報→4/26在京都→鹿児島	駿府から鹿児島へ		●
15	元和3(1617)	家久	1月下旬鷹城→平戸→2月大坂→4/18京都発→5月日光→5/9本多正純謝す	鹿児島から日光・江戸へ	●	
16	元和3(1617)	家久	6/8江府→7/7伏見で能→7/18秀忠謁見→7/21秀忠参内御供→10月下旬着城、使者送る	江戸から鹿児島へ到着後使者送る		●
17	元和5(1619)	家久	2月上旬鷹城→3/24大坂→5/3京都歌の会→5/26秀忠迎え→6/1伏見	鹿児島から伏見へ	▲	
18	元和5(1619)	家久	8月上旬義弘訃報→8月下旬鷹城	伏見から鹿児島へ		▲
19	元和6(1620)	家久	4月上旬鷹府→5月下旬大坂→江都	鹿児島から江戸へ	●	
20	元和7(1621)	家久	2月中旬江府→3月下旬鷹城	江戸から鹿児島へ		●
21	元和7(1621)	家久	6月上旬鷹府→6/13小倉、細川へ使(山田有栄)→6/26播州家嶋(大風)→6/27大坂着岸→6/29大坂発(急ぎの命)→月日不明江戸	鹿児島から江戸へ	●	
22	元和7(1621)	家久	10月下旬江府→11月下旬鷹城	江戸から鹿児島へ		●
23	元和8(1622)	家久	1月上旬鷹府→2/11在京都(秀忠娘入内祝)	鹿児島から京都へ	▲	
24	元和8(1622)	家久	2/29京都発、帰国へ	京都から鹿児島へ		▲
25	元和8(1622)	家久	9月鷹城→月日不明江都	鹿児島から江戸へ	●	
26	元和9(1623)	家久	5月上旬江府→5月下旬京師(木之下第)→7/25家光参内供奉→8月京都発→閏8月中旬鷹城	江戸から鹿児島へ		●
27	寛永1(1624)	家久	11/14鷹島→12/10出水瀬之浦発→(寛永2)2/2大坂→3/18伏見発→4/13江戸(桜田邸)→4/14上使→4/17又三郎腹不快で謁見延期→4/23家久・又三郎・岩松丸登城(伊勢貞昌らも)	鹿児島から江戸へ妻子を連れて行く	●	
28	寛永3(1626)	家久	1月上旬→1月下旬伏見→3/1府城	江戸から鹿児島へ		●
29	寛永3(1626)	家久	閏4月上旬鷹城→6月伏見登営す→6月上旬京都→6/25秀忠参内御供→8/21中納言→9/6秀忠二条御供	鹿児島から伏見へ	▲	

番号	和暦(西暦)	藩主	参観交替成立までの動き	動きの要点	参観	下国
30	寛永3(1626)	家久	9月中旬京都→9/28甕府、御礼使：不明	伏見から鹿児島へ到着後御礼使送る		▲
31	寛永4(1627)	家久	10/19甕府→10/25在大坂→11月下旬江戸	鹿児島から江戸へ	●	
32	寛永5(1628)	家久	9/19江戸→9/25今切→10/2伏見→10月下旬入薩城	江戸から鹿児島へ		●
33	寛永7(1630)	家久	1/3甕府→2/21伏見より書→2/23伏見発→3/9江戸→3/18拝謁す	鹿児島から江戸へ	●	
34	寛永8(1631)	家久	6/2江戸→6/8今切より書→6/16都於郡→7/5甕城、△謝恩使：不明	江戸から鹿児島へ到着後謝恩使送る		●
35	寛永9(1632)	家久	2/18甕城→4/2武都→4/3酒井・土井来る→4/10登営す→4/12銀子1万枚拝領す	鹿児島から江戸へ	●	

この表から、参観交替の成立要件について、以下の6点を挙げる。
(1) 参観とは大名が江戸へ行くことである
　　1607年に初めて島津家久は江戸へ行っている。江戸へ行くことを参観とすれば、これが始まりである。
(2) 参観は大名が「述職」のために江戸へ行くことである
　　県公刊「旧記雑録」には「参観」・「参勤」の文字はあるが、「参観交替」・「参勤交代」の表現はない。江戸に行くのは「述職」のためとする。支配を任された大名が報告、つまり「述職」に行くのが「参観」なのである。命令に応じて江戸城に登城し、「参観之礼」・「参府之礼」を申し述べる。島津氏が支配を委ねられたのは1617（元和3）年である。将軍より60万5607石余の領地が認められた。つまり1617年以降が参観交替ということになる。
(3) 交替とは江戸・国元を1年おきに往復することである
　　このようなことを島津氏が始めたのは、1620（元和6）年以降である。ただ、1621（元和7）年には帰国、再び参観そして帰国と年2回往復しており、必ずしもその原則が確立していない。ほぼ確立するのは、1627（寛永4）年以降である。この年、家久は10月19日甕府（鹿児島）を発し、11月28日江戸に到着した。翌年9月28日江戸を発し、10月下旬鹿児島に到着した。以降毎年参観交替するようになる。

(4) 妻子は江戸常住である

　1624（寛永元）年11月14日に鹿児島を出た家久は、146日かけて翌1625（寛永2）年4月13日に江戸に入った。実はこの時には妻子を伴っており、妻子人質政策の先鞭をつけた。この時、家老伊勢貞昌も同様にして御供している。下記史料からは、妻子を伴うことを、家久自ら提案、率先実行したことがわかる。妻子江戸常住は、1625（寛永2）年に始まることになる。このことは参観交替制度成立を考える上での要点である。

〈関係史料（鹿児島県史料「旧記雑録後編四」P822『家久公御譜中』）〉

> 家久嘗蒙　大権現殊恩、欲報無由、顧今天下漸治、然閫國諸侯唯置質於江府、各還領国、未可謂安泰之術、我此時率妻子而奉仕于武江、僅可報厚恩之萬一乎、家臣伊勢兵部少輔貞昌者土井大炊頭利勝之莫逆也、乃以貞昌蜜談此旨於利勝而后上言、秀忠公大感之曰、泰平之基豈過之乎、家久之忠不可忘矣、於是今茲冬十一月、家久率夫人及息男兄弟三人又三郎・岩松丸・萬千代丸、發甕島日不知、赴武都、時伊勢貞昌亦率妻子為供奉、十二月十日出船従薩州出水瀬之浦、翌年二月二日着船于大坂、少間憩息船中之寶窟、而至伏見淹留越年于茲矣

(5) 帰国後はお礼の使者（謝恩使）を送る

　1617（元和3）年、帰国した家久はすぐ使者を送った。また、1626（寛永3）年には御礼使を送った。この2例は「謝恩使」の始まりを示す。使者は将軍に謁見し謝意を述べ、すぐまた帰国して大名に報告する。これが参観交替下国（帰国）の際の慣例となる。

(6) 交替は4月中に行う

　1635（寛永12）年の武家諸法度改正の時に、大名は毎年4月を交替の時期とした。家久は1630（寛永7）年以降、ほぼその時期に江戸へ到着している。

・1630（寛永7）年1月3日甕府を発し、3月9日江戸に到着した。

もっともこの年は４月18日家光、４月21日秀忠が桜田邸に御成りになることになっていた。
・1632（寛永９）年２月18日麑城を発し、４月２日武都（江戸）に到着した。

　以上の(1)から(6)の何を参観交替の要件と考えるかで、成立時期は異なることになるが、私は上記(4)の、家久が妻子を連れて1624（寛永１）年11月鹿児島を発し、1625（寛永２）年４月江戸に到着したことを以ってその成立と考える。そしてそれが確立するのは1630（寛永７）年以降であり、以後230年余り続くことになる。

3. 参観交替の経路

3.1 海上路

　後には陸路で小倉まで行く九州路が中心となるが、当初は海上路が主に使われ、大別2ルートである。
 (1) 西目ルート……古くからの主経路である。鹿児島から川内へ、その河口より天草・平戸を経て外海へ、転じて瀬戸内海へ入り、大坂に上陸する。私はこれを「西海路」とした。
 (2) 東目ルート……船で鹿児島湾を出て西へ向かい川内へ、川内から改めて細島へ向かう経路だが、その事例はない。東目ルートは、鹿児島湾を福山へ、福山から都城を経て日向細島へ、細島から船で瀬戸内海へ出て大坂へという形ではよく使われている。私はこれを「日向路」とした。

資料1　追録2：1883

```
薩州鹿児島城下より京泊、海上57里
西目
京泊より平戸　　　海上71里余
平戸より豊前小倉　　海上55里
小倉より大坂　　海上135里
大坂より当地　　陸路130里
海陸道程合　　448里余
東目
京泊より日州細島　　海上124里
細島より豊州鶴崎　　海上52里
鶴崎より大坂　　海上128里
大坂より当地　　陸路130里
```

海陸道程合　　　434里[注1]
東目は近いが、野間崎、佐多御崎、といの御崎が難海（意訳したもの） 注1　東目434里には鹿児島⇒京泊間海上57里含まず（鹿児島県史料「旧記雑録追録二」）

資料2　追録2：1883

薩摩鹿児嶋より江戸まで海陸道程覚 一西目　406里　鹿児嶋よりの船路449里ほどござ候 一東目　434里 右、薩州京泊と申所より東西に相分かれ申し候 　　　　　　　以上

資料3　資料1・2の経路図と計算

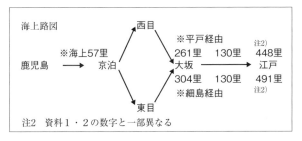

3.2　陸路

　陸路でほぼ国道3号線に沿い北上、筑前原田で長崎街道に入り、「筑前6宿」を経て豊前小倉、もしくは豊前大里から船で赤間関（下関）へ渡る。以後は山陽道を陸行して大坂へ向かう。私はこれを、「九州路」と呼ぶことにする。しかし、8代重豪のように、大里から瀬戸内海を航海することもある。また船の使用は薩摩・肥後間でもあり、難所三太郎峠を避けて米ノ津〜日奈久などを船で移動する事例もあった。

3．参観交替の経路

資料4　参観交替の船配置図（瀬戸内海）　追録6：633

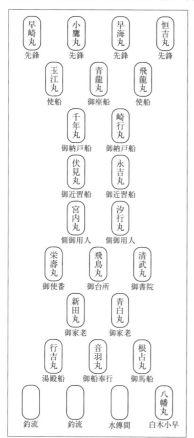

※九州路、1770（明和7）年、8代島津重豪
※この船団に、挽船、鯨船などがつくが、個々の船の役割は記していない

十三日駕青龍丸、乃発海行十二日不乗舩俄風潮也、第一早崎丸、次小鷹丸、次早海丸、次恒吉丸以上四艘為先鋒、左御挽舩右御挽舩、中為御座、即青龍丸、左玉江丸、右飛龍丸並為鯨舩、中亦鯨舩、以上四艘為使舩、左千年丸、右崎行丸並為御納戸舩、左伏見丸、右永吉丸並為御近習舩、左宮内丸、右汐行丸並為御側御用人、左榮壽丸為御使番舩、右清武丸為御書院舟、中飛鳥丸為御臺所、左新田丸、右青白丸並為御家老、左行吉丸為御湯殿舩、右根占丸為御馬舩、中音羽丸為御舩奉行、別釣流二艘・水傳間一艘・白木小早八幡丸一艘悉為列従、二十七日入坂越津（下略）

《前後の道程》

1/27府城→2/11大里（2/12風波で滞留）→2/13青龍丸他→2/27坂越津→3/2大坂邸（留滞2日）→3/5大坂京橋駕舟→3/6伏見邸（3/7京都微行、3/8万福寺）→3/9伏見発→3/16遠州掛川（大井川満水、3/19まで留滞）→3/20金谷駅→3/21大井川渡る→3/23箱根（酒匂川渡れず、26日まで留宿）→3/27箱根発→3/30芝邸（旅日数63日）

このような大船団を瀬戸内海に展開することは、その威容を示す意味があるかも知れないが、徐々に経済発展が始まっていた当時の瀬戸内海航路にとっては迷惑ではなかったか、と私は考える。

資料５　九州路での船使用事例（日奈久・米之津・赤間関・大里・小倉）

1787（天明7）年 3/15江戸→東海之駅路→4/14桑名駅より小畑駅→4/15伊勢神宮→4/16小畑駅発→4/20伏見（淀川満水旬日滞宿）→4/30水減、大坂（3日滞坂）→5/4大坂発→中国之駅路→<u>5/18赤間関</u>→<u>5/19豊前大里</u>→取道九州→<u>5/26日奈久乗船、出水米之津</u>→6/3鹿児島（矢来門より本丸へ）
1787（天明7）年 9/1本府→<u>9/4出水米之津で乗船、日奈久</u>→取道九州→<u>9/14豊前小倉</u>→<u>9/15赤間関駕船</u>→9/22播州室津（1日滞宿）→陸路中国→9/28大坂（5日滞坂）→10/3大坂発→10/4伏見（4日滞宿）→10/9伏見発→東海之数駅→10/27江府
1792（寛政4）年 9/1芝邸→東海・伊勢路之駅→9/8浜松（9/9風雨で休む）→9/10今切へ航す、赤坂駅→9/15伏見仮館（逗留2日）→9/18大坂旅亭（留3日）→9/22大坂発→山陽路→10/6長州吉田駅→<u>10/7豊前小倉</u>→筑肥数駅→<u>10/14日奈久発薩西出水郷米之津</u>へ、出水仮館に入る→10/16出水発阿久根宿（滝留2日）→10/19向田（滝留1日）→10/21苗代川→10/22府城、二丸

※資料４・５ともにいずれも８代重豪

4. 経路の利用実態

4.1 西海路の経路

資料1　全利用記録

順番	番号	藩主	西暦	和暦	参観	下国	日数	参考地名等
1	27	家久	1624	寛永1	●		147	12/10出水瀬之浦
2	39	光久	1638	寛永15		●	34	2/14有馬、即日発す
3	40	光久	1638	寛永15	●		38	3/22阿久根
4	42	光久	1640	寛永17			54	2/25備後鞆(上使佐佐長次と会う、礼使入来院上る)
5	44	光久	1642	寛永19	●		60	
6	45	光久	1643	寛永20		●	33	薩州
7	46	光久	1644	寛永21	●		53	薩之西浦
8	47	光久	1646	正保3		●	40	薩西津
9	51	光久	1650	慶安3		●	39	薩西津
10	52	光久	1651	慶安4	●		45	薩西岸
11	57	綱久	1655	明暦1		●	35	西海
12	61	光久	1657	明暦3			64	薩西岸、10/18平戸発
13	62	光久	1658	明暦4		●	38	薩州岸
14	63	光久	1659	万治2	●		55	薩西地、西海
15	66	光久	1660	万治3		●	46	薩西岸
16	71	光久	1663	寛文3		●	54	薩州西岸
17	73	光久	1664	寛文4		●		薩州西岸
18	74	綱久	1664	寛文4	●		49	西海
19	75	光久	1665	寛文5	●		52	薩州西津
20	78	光久	1666	寛文6		●	52	薩州津
21	79	光久	1667	寛文7	●		61	4/7薩西津出船
22	84	綱久	1669	寛文9		●	53	6/28薩州水引船間島
23	85	綱久	1670	寛文10	●		44	西海
24	86	光久	1670	寛文10		●	46	6/3薩州出水脇本
25	87	綱貴	1670	寛文10		●	46	西海
26	89	光久	1671	寛文11	●		53	6/5京泊津出船
27	90	綱久	1671	寛文11		●	52	7/22薩州京泊

順番	番号	藩主	西暦	和暦	参観	下国	日数	参考地名等
28	92	光久	1672	寛文12		●	55	6/1獅子島
29	93	綱貴	1672	寛文12		●	42	閏6/20薩州出水郡獅子島着、閏6/25船間島
30	95	綱貴	1673	寛文13	●		41	3/8薩州高城郡京泊津
31	97	綱貴	1673	寛文13		●	66	10/14薩州出水郡脇元津、10/19船間島
32	98	綱貴	1674	延宝2	●		45	4/12京泊開船
33	99	光久	1674	延宝2		●	84	6/1脇本
34	100	光久	1675	延宝3	●		161	京泊
35	102	光久	1676	延宝4	●		71	7/25脇本(滞留)
36	104	光久	1677	延宝5	●		64	水引平島出船
37	106	光久	1678	延宝6		●	56	7/10川内平島
38	107	綱貴	1678	延宝6	●		39	5/24久見崎出船
39	108	綱貴	1679	延宝7			98	5/6久見崎揚帆
40	109	綱貴	1679	延宝7		●	33	9/13夜高城郡水引平島
41	110	光久	1680	延宝8		●	78	6/18平島
42	111	綱貴	1680	延宝8	●		32	4/16京泊出船
43	112	光久	1681	延宝9	●		64	2/19平島発
44	115	綱貴	1682	天和2			61	2/22平島発、2/25脇元発
45	116	光久	1682	天和2		●	58	6/22平島
46	117	光久	1683	天和3	●		61	3/7平島発
47	118	綱貴	1683	天和3		●	44	6/19出水郡長島伊唐島、6/21阿久根
48	120	綱貴	1684	貞享1		●	48	6/23平島
49	121	光久	1685	貞享2	●		65	京泊
50	122	綱貴	1685	貞享2		●	70	薩州長島伊唐島、脇元
51	123	綱貴	1686	貞享3	●		42	2/15川内向田乗船
52	124	光久	1686	貞享3		●	66	京泊津
53	125	光久	1687	貞享4	●		68	京泊岸
54	126	光久	1687	貞享4		●	75	12月京泊
55	127	綱貴	1688	貞享5		●	60	7/19京泊津
56	128	光久	1688	貞享5	●		68	京泊
57	130	光久	1689	元禄2		●	60	京泊
58	131	光久	1690	元禄3			71	5/22薩西岸発
59	132	綱貴	1690	元禄3		●	63	脇元、西海巡見、9/3船で甕島
60	133	綱貴	1691	元禄4	●		60	2/18京泊津発
61	134	光久	1691	元禄4		●	72	9/27京泊
62	135	光久	1692	元禄5	●		72	薩西岸

4．経路の利用実態　53

順番	番号	藩主	西暦	和暦	参観	下国	日数	参考地名等
63	136	綱貴	1692	元禄5		●	51	西海
64	141	綱貴	1695	元禄8	●		43	西海
65	142	吉貴	1695	元禄8	●		46	
66	144	綱貴	1696	元禄9	●		63	西海、7/19薩州平島
67	145	綱貴	1697	元禄10	●		41	3/2京泊津開船
68	146	吉貴	1697	元禄10		●	58	7/29薩州和泉脇元
69	147	吉貴	1698	元禄11	●		50	7/18阿久根発
70	149	綱貴	1700	元禄13	●		53	1/21京泊発船
71	150	吉貴	1700	元禄13		●	64	6/9薩州和泉脇元
72	153	綱貴	1702	元禄15	●		42	3/12京泊津乗船
73	161	吉貴	1706	宝永3	●		56	西海
74	163	吉貴	1708	宝永5	●		54	4/18和泉脇本開船
75	175	継豊	1721	享保6	●		53	3/28京泊港開帆、西海
76	176	吉貴	1722	享保7		●	65	山陽・西海
77	199	宗信	1748	寛延1	●		121	9/17久見崎発、北風、再出港
78	215	重豪	1762	宝暦12	●		72	5/10阿久根駕船
79	225	重豪	1771	明和8		●	79	8/9長崎駕船、8/14阿久根
80	303	斉興	1842	天保13	●		75	9/1久見崎出帆
81	305	斉興	1844	天保15	●		50	

資料2　西海路の時期別の参観・下国と日数

日数＼分類	～1650年 参観	～1650年 下国	～1700年 参観	～1700年 下国	～1750年 参観	～1750年 下国	～1800年 参観	～1800年 下国	～1860年 参観	～1860年 下国
100日～			1		1		1			
95日～			1							
90日～										
85日～										
80日～				1						
75日～				2				1	1	
70日～			2	3		1				
65日～			3	2	1					
60日～	1		7	5						
55日～			1	4	1					

分類＼日数	～1650年 参観	～1650年 下国	～1700年 参観	～1700年 下国	～1750年 参観	～1750年 下国	～1800年 参観	～1800年 下国	～1860年 参観	～1860年 下国
50日～	2		5	4	2				1	
45日～			3	5						
40日～		1	5	2	1					
35日～	1	1	1	2						
30日～		2	1							
30日未満										
合計	5	4	30	31	5	1	1	1	2	

※80事例中、順番17・番号73は発日不明で日数計算ができなかった

(1) 西海路は当時よく利用された経路であり[注1]、日向路と時期的に並行するが、使用回数としては西海路が多い。

(2) 鹿児島から川内へ陸行し、川内の京泊等から船で天草、平戸、玄海灘を経て小倉・大里へ到着し、瀬戸内海を航海して播磨で上陸して大坂へ向かうのが常であった。なお、琉球国中山王の使者はいつも西海路を経て大坂まで航行している。

(3) 川内京泊から太平洋、豊後水道を経る「東目」があったが、参観交替の記事からは「東目」と断定できる事例は確認できなかった。

(4) 1690（元禄3）年、島津綱貴は大坂、赤間関、「西海」を経て阿久根の脇元に到着、ここから再び船で鹿児島へ向かった。この場合は全体的に見て「西海」としたが、分かるかぎり唯一の「東目」の一部利用と言える。

(5) この西海路で参観するとなると、4月に江戸に到着する原則からすれば、1・2月の荒れる海を渡ることになるので、参観の遅延を求めている[注2]。

(6) 上記資料から、西海路の全盛期は1651（慶安4）年から1700（元禄13）年までである。

注1　1575（天正3）年7月10日、島津家久（義久・義弘の弟）は薩摩商人の船に乗り、浜田港（島根県）出帆、7月12日平戸入港、7月18日出帆、7月19日京泊へ着船す（「鹿児島士人名抄録」付録年表）

注2　1637（寛永14）年閏3月28日、藩は「四月参観」の延引願いを出し、許可される【後編5：1030】

4.2　日向路の経路

資料3　全利用記録

順番	番号	藩主	西暦	和暦	参観	下国	日数	参考地名等
1	34	家久	1631	寛永8		●	33	6/16都於郡
2	41	光久	1639	寛永16		●	39	日州細島
3	48	光久	1647	正保4	●		49	日州細島
4	49	光久	1648	正保5		●	34	3/7細島津
5	56	光久	1655	承応4	●		55	日州細島
6	59	光久	1656	明暦2		●	52	日州細島、5/27佐土原
7	60	光久	1657	明暦3	中止			日州路、加治木で中止す
8	67	光久	1661	万治4	●		52	日州細島
9	69	綱久	1662	寛文2	●		55	日州之駅、細島津
10	83	光久	1669	寛文9	●		63	日州、4/21細島津船
11	88	綱貴	1671	寛文11	●		67	日州之駅、3/27細島津
12	91	綱久	1672	寛文12	●		55	日州之駅、4/8細島津開船
13	96	光久	1673	寛文13	●		71	日州高岡、5/28細島発
14	101	綱貴	1675	延宝3		●	51	11/10日州細島津
15	103	綱貴	1676	延宝4	●		41	6/2細島開船
16	105	綱貴	1677	延宝5		●	34	11/10日州細島津
17	113	綱貴	1681	延宝9		●	21	8/15日州細島津
18	119	綱貴	1684	天和4	●		47	2/18細島発
19	129	綱貴	1689	元禄2	●		45	3/12細島津開船
20	137	綱貴	1693	元禄6	●		46	2/30細島発
21	143	吉貴	1696	元禄9	●		44	日州之駅、2/8細島津開船
22	148	綱貴	1698	元禄11		●	45	11/7日州細島津
23	177	継豊	1722	享保7		●	51	6/13日州細島港、佐土原、高岡郷
24	205	重年	1753	宝暦3		●	46	5/27日州細島、6/3都於郡、福山より船
25	221	重豪	1767	明和4		●	45	5/24日州細島、高岡、国分より船

資料４　日向路の時期別の参観・下国と日数

日数＼分類	～1650年 参観	～1650年 下国	～1700年 参観	～1700年 下国	～1750年 参観	～1750年 下国	～1800年 参観	～1800年 下国	～1860年 参観	～1860年 下国
100日～										
95日～										
90日～										
85日～										
80日～										
75日～										
70日～			1							
65日～			1							
60日～			1							
55日～			3							
50日～			1	2		1				
45日～	1		3	1				2		
40日～			2							
35日～		1								
30日～		2		1						
30日未満				1						
合計	1	3	12	5		1		2		

※順番７・番号60は参観中止で日数計算から除外した

(1) 日向路は、まず鹿児島から福山へ船で渡る。そして通山、都城と以下ほぼ現在の10号線にそって細島へ至る道である。

(2) 例としては、下国の時に福山から海路鹿児島に向かった島津重年（1753年）と国分から乗船した島津重豪（1767年）などがある（下記の参考例を参照）。鹿児島城下から細島までは、滞留日も含めて７、８日から10日近くかかった。

(3) 全体的に経路地名のない記事も多く、断定はできないが、主に1600年代に使われた経路と言える。

《参考例（島津重年）：1753（宝暦３）年》

◎4/23芝邸→東海・伊勢路之駅→5/8伏見仮館（１日止）→5/10伏見発、大坂（留止２日）→5/13大坂駕船、尼ヶ崎→播州路→5/16坂越→5/17坂越

発→5/27日州細島、火事で3日船中→6/2下船、陸行、都農（秋月種実領）→6/3都於郡→6/4高岡（1日止）→6/6高城→6/7都之城→6/8福山→6/9船で麑府築地亭

《参考例（島津重豪）：1767（明和4）年》

◎4/21芝邸→木曽路（東山道）→5/7伏見邸→5/10船で大坂→5/13大坂発→播磨路→5/16坂越→5/24日州細島（風雨で満水通津得ず、滞船）→5/29陸路→6/1佐土原（島津久柄迎える）→6/2高岡→6/3香積寺で百尺枝葉の梅観る、「月知梅」親書与える（龍福寺）、高城→6/4都之城、島津鉄熊（北郷久冨）宅、福山→6/6国分より船で築地着船、府城

(4) 島津久光も利用しているが、久光は藩主ではないので、表には入れず参観交替としなかった。久光は「国父」の立場で、薩摩藩を代表して幕末の政治に関わっていた。1863（文久3）年3月、京都で国事周旋を終え、帰りは大坂からたった3日で細島に着いた。蒸気船を使ったのである。この時、藩主忠義は国分まで汽船で迎えに行っている。この久光の例は参観交替ではないとしても、その往還が近代を象徴する蒸気船であったことは、参観交替の時代の終焉を締めくくるにふさわしい話と言えよう。

4.3 九州路の経路

資料5　全利用記録

順番	番号	藩主	西暦	和暦	参観	下国	日数	参考地名等
1	114	吉貴	1681	天和1	●		82	九州之駅、11/9豊州大裏(大里)、11/10下関
2	139	綱貴	1694	元禄7		●	18	豊前小倉(速馳駕)、6/16八代
3	151	吉貴	1701	元禄14	●		58	九州之駅、1/30豊州大裏
4	152	綱貴	1701	元禄14		●	40	赤間関、筑前芦屋、7/3薩州脇元
5	154	吉貴	1702	元禄15	●		69	6/1豊州大裏、九州之駅
6	155	吉貴	1703	元禄16	●		59	九州之駅、4/6豊州大裏
7	156	綱貴	1703	元禄16		●	46	7/20豊州小倉、九州之駅

順番	番号	藩主	西暦	和暦	参観	下国	日数	参考地名等
8	157	綱貴	1704	元禄17	●		39	3/13米ノ津乗船、3/17肥前寺井川、3/19豊前大裏
9	158	吉貴	1704	宝永1		●	41	6/19豊州大裏、九州之駅
10	159	吉貴	1704	宝永1	●		29	九州之駅、8/28豊州大裏
11	160	吉貴	1705	宝永2	●		53	8/14豊州小倉、九州之駅
12	162	吉貴	1707	宝永4	●		60	8/10豊州大裏、8/11小倉駅
13	164	吉貴	1709	宝永6	●		50	7/25豊前田之尻、夜陸路、大里泊
14	165	吉貴	1710	宝永7	●		74	九州路、9/21豊前大里
15	166	吉貴	1711	正徳1	●		45	8/2豊前大里、九州路
16	167	吉貴	1714	正徳4	●		77	陸路九州、10/17豊州大里
17	168	吉貴	1715	正徳5	●		52	8/14豊州大里、九州陸路
18	169	吉貴	1716	享保1	●		58	九州、7/28豊州大里
19	170	吉貴	1717	享保2	●		49	7/25豊州大里、九州之駅
20	171	吉貴	1718	享保3	●		67	駅路九州、10/14豊州大里
21	172	吉貴	1719	享保4	●		131	9/10豊州大里、九州之駅
22	173	吉貴	1720	享保5	●		78	九州路
23	174	継豊	1720	享保5		●	60	12/20豊之大里、陸路九州
24	178	継豊	1723	享保8	●		61	九州、1/22豊前大里
25	179	継豊	1723	享保8		●	64	11/14豊前大里、九州駅路
26	180	継豊	1724	享保9	●		60	九州之駅、1/14豊州大里
27	181	継豊	1725	享保10		●	75	12/9豊州大里、九州
28	182	継豊	1727	享保12	●		60	九州路、閏1/13豊州大里
29	183	継豊	1727	享保12		●	56	11/20豊州大里、九州之駅
30	184	継豊	1729	享保14	●		60	九州、1/21豊州大里
31	185	継豊	1730	享保15		●	49	6/14豊州大里、小倉路
32	186	継豊	1732	享保17	●		60	西海駅路、2/19豊前大里
33	187	継豊	1733	享保18		●	48	6/28下之関駕舟大里、取陸於西海
34	188	継豊	1734	享保19	●		59	九州之駅路、2/20豊之大里
35	189	継豊	1735	享保20		●	57	6/5豊前大里、小倉路
36	190	継豊	1736	享保21	●		74	2/7出水、2/21豊前大里
37	196	宗信	1745	延享2		●	84	7/5豊州大里、九州路
38	197	宗信	1746	延享3	●		59	九州路、豊前大里
39	198	宗信	1747	延享4		●	63	6/12豊州大里、九州路
40	200	継豊	1749	寛延2		●	78	駅路山陽・西海
41	201	宗信	1749	寛延2		●	56	5/2豊之大里、5/14薩州出水
42	202	重年	1749	寛延2	●		54	九州・中国之駅

4．経路の利用実態　59

順番	番号	藩主	西暦	和暦	参観	下国	日数	参考地名等
43	203	重年	1751	寛延4		●	57	6/2豊前田之浦、6/3大里、九州之駅
44	204	重年	1752	宝暦2	●		81	9/16九州路
45	206	重年	1754	宝暦4	●		70	九州路、5/24豊前大里
46	213	重豪	1761	宝暦11		●	60	6/8豊前大里、九州之駅
47	214	重豪	1762	宝暦12	中止			九州駅、2/21豊前大里、3/9廿日市浦、還国決定す
48	216	重豪	1763	宝暦13		●	53	6/3豊前大里、6/4小倉路（九州路）
49	217	重豪	1764	宝暦14	●		52	九州路、4/6大里
50	219	重豪	1765	明和2		●	49	6/7豊前州大里、九州路
51	220	重豪	1766	明和3	●		56	西海道、2/4豊前大里
52	222	重豪	1768	明和5	●		53	小倉路、2/20豊前大里
53	223	重豪	1769	明和6		●	52	10/1豊前大里、九州之駅路
54	224	重豪	1770	明和7	●		63	九州之駅、2/11大里
55	226	重豪	1772	明和9	●		60	九州路、2/8豊前州大里
56	227	重豪	1773	安永2		●	40	4/13豊前州大里、九州路
57	228	重豪	1774	安永3	●		44	取道九州、2/29豊前大里
58	229	重豪	1775	安永4		●	43	5/23赤間関駕船小倉へ、九州路
59	230	重豪	1776	安永5	●		44	肥後諸州之路、豊前州大里
60	231	重豪	1777	安永6		●	45	5/24大里、九州之駅
61	232	重豪	1778	安永7	●		42	西海・山陽二道之諸州
62	234	重豪	1780	安永9	●		40	九州之駅路、1/20豊前大里
63	235	重豪	1781	安永10		●	47	5/4豊前大里、取道九州
64	236	重豪	1781	天明1	●		37	西海・山陽二道之諸州
65	237	重豪	1783	天明3		●	45	9/30豊前大里、九州之駅路
66	238	重豪	1784	天明4	●		48	取道九州、1/23筑前木屋之瀬、1/24豊前大里
67	241	重豪	1787	天明7		●	77	5/19豊前大里、取道九州、5/26日奈久乗船、出水米之津着
68	242	重豪	1787	天明7	●		57	取道九州、9/14豊前小倉
69	244	斉宣	1790	寛政2	●		75	向田より陸路、琉使は船
70	247	重豪	1792	寛政4		●	51	10/7豊前小倉、筑肥数駅、10/14日奈久発薩西出水郷米之津
71	249	重豪	1793	寛政5	●		43	九州之駅、9/13豊州大里
72	270	重豪	1813	文化10	●		40	9/3大里、九州之駅
73	272	重豪	1813	文化10	●		38	九州之駅、10/30豊州大里
74	294	斉彬	1835	天保6		●	56	九州
75	296	斉彬	1836	天保7	●		52	九州

順番	番号	藩主	西暦	和暦	参観	下国	日数	参考地名等
76	310	斉彬	1847	弘化4	●		55	3/16向田
77	314	斉彬	1851	嘉永4		●	60	九州
78	315	斉彬	1852	嘉永5	●		46	
79	316	斉彬	1853	嘉永6		●	50	
80	317	斉彬	1854	嘉永7	●		45	1/24西方休憩(1/9浦賀来航の飛報)
81	320	斉彬	1857	安政4		●	53	
82	321	斉興	1858	安政5		●	46	九州路
83	323	忠義	1859	安政6		●	54	5/15出水、5/17向田

※参考地名等部の空白は推定による

資料6　九州路の時期別の参観・下国と日数

分類／日数	～1650年 参観	～1650年 下国	～1700年 参観	～1700年 下国	～1750年 参観	～1750年 下国	～1800年 参観	～1800年 下国	～1860年 参観	～1860年 下国
100日～						1				
95日～										
90日～										
85日～										
80日～				1		1	1			
75日～					2	2	1	1		
70日～					2		1			
65日～					1	1				
60日～					5	4	2	1		1
55日～					5	3	2	1	1	
50日～					1	3	2	3	1	3
45日～						5	1	4	2	1
40日～						2	5	2		1
35日～					1		1	1		
30日～										
30日未満				1	1					
合計			1	1	18	22	16	12	5	7

※順番47・番号214は参観中止で日数計算から除外した

（1）九州路は、ほぼ現在の国道3号線に沿って進む。

（2）筑前原田から長崎街道（筑前六宿[注1]）を経て、豊前小倉・大里に着

す。

(3) 小倉・大里から乗船、下関・赤間関に上陸、中国之道（山陽道）を行く陸路ルートと、瀬戸内海を航行し、坂越港や室津港に上陸する海上路ルートとに2大別される。

(4) 資料6から、薩摩藩の九州路利用は、1700（元禄13）年までは2例、次の1800（寛政12）年までは68例、以降幕末まで10例である。

(5) 参観交替の記事は1700年代終わりから、急速に記事が簡略化される。出発・帰国のみ記録されているので、経路の実態は分からない。この空白を補うには本陣資料等に当たるほかないのかも知れない。ただ、これらもそのほとんどは九州路とみてよいだろう。

(6) 薩摩藩最後の藩主島津忠義の江戸往還の経路について明確な資料はないが、それも九州路と考える。

注1　筑前六宿：○原田（筑紫野市）、○山家（筑紫野市）、○内野（飯塚市）、○飯塚（飯塚市）、○木屋瀬（北九州市八幡西区）、○黒崎（北九州市八幡西区）

5. 参觐交替の規則

5.1 参觐交替の時期について

　1635（寛永12）年の武家諸法度では、「毎年四月中可致参觐」となっている。そこで、4月以前の到着は除き、4月到着に限定して作成したのが下の表1である。

　薩摩藩は、4月中に江戸に到着するために旅行日50日以上と想定すると、3月上旬までには鹿児島を出る必要がある。表1の番号40の光久の場合、3月17日に出て4月24日に着いているが、これは38日で到着したという異例の早さである。光久一行は3月22日阿久根を出発し、11日目の4月2日には「からうと」（広島県呉市倉橋町鹿老渡）に着いた。ここ「からうと」は参觐船の集まるところであった。ここまでの11日の船旅は異例の早さである。

表1　1635（寛永12）年以降の4月着月全事例

番号	藩主	鹿児島発年月日	江戸着年月日	日数	経路
40	光久	寛永15/3/17(1638/4/30)	寛永15/4/24(1638/6/6)	38	西海
52	光久	慶安4/2/20(1651/4/10)	慶安4/4/5(1651/5/24)	45	西海
67	光久	万治4/3/3(1661/4/2)	寛文1/4/25(1661/5/23)	52	日向
71	光久	寛文3/3/2(1663/4/9)	寛文3/4/25(1663/6/1)	54	西海
95	綱貴	寛文13/3/6(1673/4/22)	寛文13/4/16(1673/6/1)	41	西海
112	光久	延宝9/2/11(1681/3/30)	延宝9/4/15(1681/6/1)	64	西海
115	綱貴	天和2/2/6(1682/3/14)	天和2/4/6(1682/5/13)	61	西海
117	光久	天和3/2/22(1683/3/20)	天和3/4/23(1683/5/19)	61	西海
121	光久	貞享2/2/13(1685/3/17)	貞享2/4/18(1685/5/20)	65	西海
125	光久	貞享4/2/10(1687/3/23)	貞享4/4/19(1687/5/29)	68	西海
129	綱貴	元禄2/3/3(1689/4/22)	元禄2/4/18(1689/6/5)	45	日向
133	綱貴	元禄4/2/10(1691/3/9)	元禄4/4/10(1691/5/7)	60	西海
137	綱貴	元禄6/2/16(1693/3/22)	元禄6/4/2(1693/5/6)	46	日向
141	綱貴	元禄8/3/6(1695/4/18)	元禄8/4/18(1695/5/30)	43	西海
145	綱貴	元禄10/閏2月/27(1697/4/18)	元禄10/4/9(1697/5/28)	41	西海

5．参観交替の規則　63

番号	藩主	鹿児島発年月日	江戸着年月日	日数	経路
153	綱貴	元禄15/3/10(1702/4/6)	元禄15/4/21(1702/5/17)	42	西海
157	綱貴	元禄17/3/10(1704/4/13)	宝永1/4/18(1704/5/21)	39	九州
186	継豊	享保17/2/4(1732/2/29)	享保17/4/4(1732/4/28)	60	九州
188	継豊	享保19/2/5(1734/3/9)	享保19/4/4(1734/5/6)	59	九州
190	継豊	享保21/2/2(1736/3/13)	享保21/4/15(1736/5/25)	74	九州
228	重豪	安永3/2/18(1774/3/29)	安永3/4/1(1774/5/11)	44	九州
275	斉興	文化13/2/15(1816/3/13)	文化13/4/1(1816/4/27)	46	
296	斉彬	天保7/2/18(1836/4/3)	天保7/4/10(1836/5/24)	52	九州
307	斉興	弘化3/2/4(1846/3/1)	弘化3/4/2(1846/4/27)	58	

　下記の表2は薩摩藩の参観の「発月」と「着月」を、表3は逆に江戸から帰国する場合の「発月」と「着月」を表にしたものである。ただし、閏月の時は閏12月は1月に、閏1月は2月にと解釈した。

表2　参観の発月・着月　※発月のみ、着月のみの記事も含む

	発月	1月	2月	3月	4月	5月	6月	7月	8月	9月	10月	11月	12月	
参観	度数	26	28	19	12	8	4	3	5	13	6	2	1	127
	%	20.5%	22.0%	15.0%	9.4%	6.3%	3.1%	2.4%	3.9%	10.2%	4.7%	1.6%	0.8%	
	着月	1月	2月	3月	4月	5月	6月	7月	8月	9月	10月	11月	12月	
	度数	1	5	31	26	15	7	8	3	6	8	10	5	125
	%	0.8%	4.0%	24.8%	20.8%	12.0%	5.6%	6.4%	2.4%	4.8%	6.4%	8.0%	4.0%	

※表中の「1月」着月1例は、1635（寛永12）年以前の事例である

　表2では、「着月」で2・3・4月に参観したのは50％である。「発月」は1・2・3月で58％だが、3月発19例中の9例が4月中到着であることを勘案すればほぼ相当する。

表3　下国の発月・着月　※発月のみ、着月のみの記事も含む

	発月	1月	2月	3月	4月	5月	6月	7月	8月	9月	10月	11月	12月	
下国	度数	4	8	11	34	28	20	8	7	8	4	1	0	133
	%	3.0%	6.0%	8.3%	25.6%	21.1%	15.0%	6.0%	5.3%	6.0%	3.0%	0.8%	0.0%	
	着月	1月	2月	3月	4月	5月	6月	7月	8月	9月	10月	11月	12月	
	度数	1	1	6	6	15	44	20	15	8	8	6	4	134
	%	0.7%	0.7%	4.5%	4.5%	11.2%	32.8%	14.9%	11.2%	6.0%	6.0%	4.5%	3.0%	

表3では、下国（帰国）のために江戸を発するのは4・5月が多く、両月で46％である。先の参観着月と併せて考えると、島津氏における「四月参観と交替」の原則は半分達成されていたと考えることができる。

5.2 参観交替の時期の変更

参観交替の不文律の「4月参観」は、1705（寶永2）年に4代島津吉貴が、「秋9月から春4月までは風が強く航海困難であり、6月参観にしてもらえないか」と幕府に要請し、さらに「東目の海は大体が波荒く、特に野間・佐多・都井岬は難海」で「家中の侍どもさえ東目には乗せない」（「海上路」前掲資料参照）と述べている。このため、幕府も同年にその要請を受け入れて6月参観を認めた（下記資料参照）。

資料1　追録2：1882

> 覚　参勤御暇時節之儀、去未年亡父薩摩守（綱貴）御内證ニ而申達候通、拙者茂同前ニ存候間、御列座江御相談被成、何とぞ六月中参勤御暇被為仰付被下候様願存候、薩摩国乗舩場京泊[注1]と申所より肥州平戸迄、海上道程七拾一里余御座候、西北ニ而通舩仕候處、近年ハ秋之末九月比より翌四月時分迄ハ、西北風強通舩殊之外不自由ニ御座候、依之亡父薩摩守参府之時分陸江上り、早追ニ而参府仕候儀も度々ニ而御座候、大勢引列急旅行仕儀もいかゝと存候、先　御代大隅守（光久）儀ハ国元出足何月と被仰出候、三月より六七月之内年々　仰出之月ハ替申候、（以下略）

注1　京泊（きょうどまり）（薩摩川内市、川内川河口右岸）

資料2　追録2：1906

> 松平薩摩守願之通、六月中参勤交替可被仰付候、其段可被相達候

5.3　上米制度による参観交替の時期の変更

　参観の時期は、1722（享保7）年の「上米」制度によって、「3月参観、9月帰国」となり、これが元に復す1731（享保16）年までの状況は以下の通りである。特に着月についてはよく守られている。幕府が参観交替を来年から元に復すとしたのは、1730（享保15）年4月15日。ほぼひと月後、継豊は江戸を出ている。

表4　上米期間中の参観交替

藩主	西暦	年号	発年	発月	発日	着年	着月	着日	参観	下国	在江戸日数	在薩摩日数
5代継豊	1723	享保	8	1	3	8	3	4	●		201日	＊＊＊＊
	1723	享保	8	9	27	8	12	1		●		410日
	1724	享保	9	12	26	10	2	25	●		222日	
	1725	享保	10	10	11	10	12	26		●		386日
	1727	享保	12	1	27	12	2	26	●		219日	
	1727	享保	12	10	9	12	12	5		●		385日
	1729	享保	14	1	5	14	3	5	●		452日	
	1730	享保	15	5	13	15	7	1		●		＊＊＊＊

※在江戸日数は参観「着日」から次の下国「発日」まで、在薩摩日数は下国「着日」から次の参観「発日」まで
※上米期間最後の1731（享保16）年には参観せず、次の参観は1732（享保17）年であった

　なお、この期間の上米についてその経緯等を以下に記す。

《享保7年の上米の例》
- 1722（享保7）年7月3日

　江戸城に万石以上が登城す（薩摩藩は代理として佐土原藩主島津忠雅が登城した）。ここで「1万石に米100石ずつ春秋両度上ヶ米する」、「大坂か江戸で納める」、「金納ははり紙直による」との3条が示された。[追録3：1418]

- 1722（享保7）年7月4日

江戸家老伊集院久矩・島津久武が国元家老へ出した書によると、「在府半年・在国1年半とす」「反って物入り減かと見ゆ」としている。［追録3：1418］
※国元家老：島津久貫（内記）・島津久兵（内膳）・北郷久嘉（作左衛門）・名越恒渡（右膳）（家老）
●1722（享保7）年11月7日
　大坂御蔵奉行より継豊宛に「請取申米之事」と受取証が出された。それには「米合3647石5斗（但京升）、内618石5斗は琉球国高之分」とある。［追録3：1493］

《享保8・9年の上米の例》
●1723（享保8）年9月26日
　御金奉行より継豊へ「請取申金銀之事」
　「米高3647石5斗金2709両2分銀4匁3分（後藤常是）」「上ケ米1万石に100石宛、当卯夏御張紙直段35石に付26両の積で、高72万9500石分当秋半分書面通上納さる」［追録3：1589］
※御金奉行（深津宣忠・黒澤高室・戸田正矩・山田邦政）
●1724（享保9）年3月9日
　大番・大坂御蔵奉行より継豊へ「請取申米之事」
　「米合3647石5斗（但京升）」「当辰年上ケ米1万石に100石宛、琉球国共72万9500石余につき7295石の内辰春の分、書面の通り去卯薩摩米請取御蔵へ納め申す」［追録3：1645］
※大番根岸正直・大坂御蔵奉行（筒井順明・加藤正義・朝倉義房）
●1724（享保9）年9月14日
　大番・大坂御蔵奉行より継豊へ「請取申米之事」
　「米合3647石5斗（但京升）」「当辰年上ケ米1万石に100石宛、琉球国共72万9500石余につき7295石の内当辰秋半分の積、書面の通り去卯薩摩米請取御蔵へ納め申す」
※大番根来長信・大坂御蔵奉行（筒井順明・加藤正義・朝倉義房）

5.4 参観交替の供揃え

鹿児島県史料「旧記雑録後編5」には、「松平薩摩守召列候人数」として以下の人員が記されている。

乗馬20、小姓10、陸之者130、小者中間道具220、又小者790、都合1180とあり、また1240ともされている。

島津斉彬の初入部（藩主の初めてのお国入り）は、1851（嘉永4）年であった。その供揃えの中心は、表5に記した37役101人であった。

表5　嘉永4年の供揃え

番号	役職名称	人数	番号	役職名称	人数	番号	役職名称	人数	番号	役職名称	人数
1	御家老	1	11	奥御小姓	10	21	御側御用人座書役	1	31	宿割	2
2	御側役	2	12	宰相様御附	1	22	御召馬乗	1	32	御小人頭	3
3	御納戸奉行	1	13	御小姓	2	23	馬医	1	33	御配膳役	2
4	御使番兼物頭	1	14	奥医師	4	24	御庖丁人頭	1	34	御仕立物役	2
5	御小納戸頭取御小納戸	1	15	奥御茶道	3	25	御庖丁人	1	35	御兵具方肝煎	1
6	御右筆頭	1	16	新番	7	26	御料理役	3	36	御鎧才領	2
7	御小納戸	3	17	中小姓	18	27	御使番座書役	2	37	長崎御使者御馬廻	1
8	御供目附兼御馬預	5	18	御徒目附	2	28	御旅方役	3			
9	御右筆	1	19	御家老座書役	2	29	人馬方	2			
10	御小納戸見習	2	20	御用部屋書役行列直	2	30	川越方	4		101	

※史料「斉彬公1（193）」より作成

5.5 参観交替の礼式

（1）参観の場合
　① 江戸到着直後、到着の報告をする。
　② 上使が慰労に来邸し、登城日を指定する。

③　登城し、「述職」する。御礼の品を献上する。
　　※参観ルートの変更は事前に届けて許可を得る。
（2）下国の場合
　　①　将軍に「御暇」のお願いをする。
　　②　許可のため、上使が来邸し、恩賜の品を与える。
　　③　登城し、御礼を述べる。御馬1匹を賜る。
　　④　帰国直後、即日帰国御礼の使者（謝恩使）を送る。御礼の品を差し上げる。
　　※初入部の時は特別に「鶴」か「鮭」をいただく。

5.6　参観交替は3代でする

（1）参観交替は、大名、その父、時にはその子と2代・3代でする。
（2）1670（寛文10）年、4月は2代藩主島津光久、6月はその孫綱貴（のちの3代藩主）が江戸を発して国元へ帰った。下記の表6にはないが、実は江戸に向かっていた子綱久が、父光久に浜松で謁見、5月6日江戸に到着している。その後、綱貴が江戸を出発したのである。このように、この頃は親子3代で参観交替がなされていた。後にもこれほどに親子3代が行き交う例はない。藩主が参観交替し、その子と隠居した前の藩主が江戸に滞在するのが普通である。しかし原則的には、少なくとも藩主と前藩主は参観交替しなければならない。ただ薩摩藩では、前藩主が病気と称して延期を再三お願いする例がある。これについては後述する。

表6　親子での参観交替例

藩主	年令	西暦	年号	発年	発月	発日	着年	着月	着日	参観	下国
2代光久	54	1670	寛文	10	4	25	10	6	11		●
孫綱貴	21	1670	寛文	10	6	10	10	7	25		●
孫綱貴	22	1671	寛文	11	2	26	11	5	4	●	
2代光久	55	1671	寛文	11	5	28	11	7	21	●	

5．参観交替の規則

藩主	年令	西暦	年号	発年	発月	発日	着年	着月	着日	参観	下国
子綱久	40	1671	寛文	11	6	3	11	7	25		●
子綱久	41	1672	寛文	12	3	21	12	5	16	●	
2代光久	56	1672	寛文	12	4	18	12	6	14		●
孫綱貴	23	1672	寛文	12	6	18	12	閏6	20		●
子綱久	42	1673	寛文	13	2	19				死去	
孫綱貴	24	1673	寛文	13	3	6	13	4	16	●	
2代光久	57	1673	寛文	13	4	16	13	6	28	●	

※島津綱久は1672（寛文12）年の参観の時、伏見で帰国途次の父光久と会っている。なお、綱久は襲封前の1673（寛文13）年死去、享年42歳。従って3代藩主の座はその子で2代光久の孫である綱貴が継ぐことになった

6．参観交替にかかった日数

　参観交替に実際かかった日数を算定した。日数計算は和暦の大月（30日）、小月（29日）、閏月などを考慮する必要があり、さらに大月と小月は毎月交互に機械的に配置されているわけではない。また年号も突然変わる。しかも専門書でも違うことが分かった。

　そこで私は、1872（明治5）年から遡って1500（明応9）年までの西暦との換算表をエクセルで独自に作った。和暦で年・月・日を記入すれば西暦の年・月・日が出るようにした。西暦では4年ごとに2月29日がある以外は規則的なので、西暦に換算したほうが計算しやすいからである。以下の表の日数はその換算表で計算したものである。

6.1　参観全表

表1　参観発着年月日

番号	藩主	鹿児島発年月日（西暦）	江戸着年月日（西暦）	参観	日数	経路
27	家久	寛永1/11/14(1624/12/24)	寛永2/4/13(1625/5/19)	●	147	西海
31	家久	寛永4/10月	寛永4/11月下旬	●		
33	家久	寛永7/1/3(1630/2/14)	寛永7/3/9(1630/4/21)	●	67	
35	家久	寛永9/2/18(1632/4/7)	寛永9/4/2(1632/5/20)	●	44	
37	家久	寛永12/1月上旬	寛永12/2月下旬	●		
40	光久	寛永15/3/17(1638/4/30)	寛永15/4/24(1638/6/6)	●	38	西海
42	光久	寛永17/1/29(1640/3/21)	寛永17/3/23(1640/5/13)	●	54	西海
44	光久	寛永19/1/26(1642/2/25)	寛永19/3/26(1642/4/25)	●	60	西海
46	光久	寛永21/4/18(1644/5/24)	寛永21/6/12(1644/7/15)	●	53	西海
48	光久	正保4/1/28(1647/3/4)	正保4/3/17(1647/4/21)	●	49	日向
50	光久	慶安2/1/26(1649/3/9)	慶安2/3/20(1649/5/1)	●	54	
52	光久	慶安4/2/20(1651/4/10)	慶安4/4/5(1651/5/24)	●	45	西海
54	光久	承応2/4/17(1653/5/14)	承応2/6/21(1653/7/15)	●	63	

番号	藩主	鹿児島発年月日（西暦）	江戸着年月日（西暦）	参観	日数	経路
56	光久	承応4/2/4(1655/3/11)	承応4/3/28(1655/5/4)	●	55	日向
58	綱久	明暦2/1/27(1656/2/22)	明暦2/3/17(1656/4/11)	●	50	
60	光久	明暦3/2/2(1657/3/16)		中止		日向
61	光久	明暦3/10/6(1657/11/11)	明暦3/12/10(1658/1/13)	●	64	西海
63	光久	万治2/2/4(1659/3/26)	万治2/3/28(1659/5/19)	●	55	西海
65	綱久	万治3/1/28(1660/3/9)	万治3/3/18(1660/4/27)	●	50	
67	光久	万治4/3/3(1661/4/2)	寛文1/4/25(1661/5/23)	●	52	日向
69	綱久	寛文2/2/4(1662/3/23)	寛文2/3/28(1662/5/16)	●	55	日向
71	光久	寛文3/3/2(1663/4/9)	寛文3/4/25(1663/6/1)	●	54	西海
74	綱久	寛文4/4/10(1664/5/5)	寛文4/5/28(1664/6/22)	●	49	西海
75	光久	寛文5/3/29(1665/5/14)	寛文5/5/21(1665/7/4)	●	52	西海
77	綱久	寛文6/4/4(1666/5/7)	寛文6/5/16(1666/6/18)	●	43	
79	光久	寛文7/3/26(1667/5/18)	寛文7/5/26(1667/7/17)	●	61	西海
81	綱久	寛文8/3/16(1668/4/27)	寛文8/5/3(1668/6/12)	●	47	
83	光久	寛文9/3/22(1669/4/22)	寛文9/5/25(1669/6/23)	●	63	日向
85	綱久	寛文10/3/22(1670/5/11)	寛文10/5/6(1670/6/23)	●	44	西海
88	綱貴	寛文11/2/26(1671/4/5)	寛文11/5/4(1671/6/10)	●	67	日向
89	綱久	寛文11/5/28(1671/7/4)	寛文11/7/21(1671/8/25)	●	53	西海
91	綱久	寛文12/3/21(1672/4/18)	寛文12/5/16(1672/6/11)	●	55	日向
95	綱貴	寛文13/3/6(1673/4/22)	寛文13/4/16(1673/6/1)	●	41	西海
96	光久	寛文13/4/16(1673/6/1)	寛文13/6/28(1673/8/10)	●	71	日向
98	綱貴	延宝2/4/6(1674/5/11)	延宝2/5/21(1674/6/24)	●	45	西海
100	光久	延宝3/4/21(1675/5/15)	延宝3/9/4(1675/10/22)	●	161	西海
103	綱貴	延宝4/5/25(1676/7/6)	延宝4/7/6(1676/8/15)	●	41	日向
104	光久	延宝5/6/30(1677/7/29)	延宝5/9/4(1677/9/30)	●	64	西海
107	綱貴	延宝6/5/21(1678/7/9)	延宝6/6/29(1678/8/16)	●	39	西海
108	光久	延宝7/4/18(1679/5/27)	延宝7/7/26(1679/9/1)	●	98	西海
111	綱貴	延宝8/4/14(1680/5/12)	延宝8/5/16(1680/6/12)	●	32	西海
112	光久	延宝9/2/11(1681/3/30)	延宝9/4/15(1681/6/1)	●	64	西海
114	吉貴	天和1/10/18(1681/11/27)	天和2/1/9(1682/2/16)	●	82	九州
115	綱貴	天和2/2/6(1682/3/14)	天和2/4/6(1682/5/13)	●	61	西海
117	綱貴	天和3/2/22(1683/3/20)	天和3/4/23(1683/5/19)	●	61	西海
119	綱貴	天和4/2/5(1684/3/20)	貞享1/3/21(1684/5/5)	●	47	日向
121	光久	貞享2/2/13(1685/3/17)	貞享2/4/18(1685/5/20)	●	65	西海

番号	藩主	鹿児島発年月日（西暦）	江戸着年月日（西暦）	参観	日数	経路
123	綱貴	貞享3/2/13(1686/3/7)	貞享3/3/25(1686/4/17)	●	42	西海
125	光久	貞享4/2/10(1687/3/23)	貞享4/4/19(1687/5/29)	●	68	西海
128	光久	貞享5/9/18(1688/10/11)	元禄1/11/25(1688/12/17)	●	68	西海
129	綱貴	元禄2/3/3(1689/4/22)	元禄2/4/18(1689/6/5)	●	45	日向
131	光久	元禄3/5/12(1690/6/18)	元禄3/7/23(1690/8/27)	●	71	西海
133	綱貴	元禄4/2/10(1691/3/9)	元禄4/4/10(1691/5/7)	●	60	西海
135	光久	元禄5/6/13(1692/7/26)	元禄5/8/25(1692/10/5)	●	72	西海
137	綱貴	元禄6/2/16(1693/3/22)	元禄6/4/2(1693/5/6)	●	46	日向
141	綱貴	元禄8/3/6(1695/4/18)	元禄8/4/18(1695/5/30)	●	43	西海
143	吉貴	元禄9/1/26(1696/2/28)	元禄9/3/10(1696/4/11)	●	44	日向
145	綱貴	元禄10/閏2/27(1697/4/18)	元禄10/4/9(1697/5/28)	●	41	西海
147	吉貴	元禄11/7/10(1698/8/15)	元禄11/8/30(1698/10/3)	●	50	西海
149	綱貴	元禄13/1/12(1700/3/2)	元禄13/3/5(1700/4/23)	●	53	西海
151	吉貴	元禄14/1/12(1701/2/19)	元禄14/3/10(1701/4/17)	●	58	九州
153	綱貴	元禄15/3/10(1702/4/6)	元禄15/4/21(1702/5/17)	●	42	西海
155	吉貴	元禄16/3/11(1703/4/26)	元禄16/5/10(1703/6/23)	●	59	九州
157	綱貴	元禄17/3/10(1704/4/13)	宝永1/4/18(1704/5/21)	●	39	九州
159	吉貴	宝永1/8/21(1704/9/19)	宝永1/9/19(1704/10/17)	●	29	九州
161	吉貴	宝永3/4/5(1706/5/16)	宝永3/6/1(1706/7/10)	●	56	西海
163	吉貴	宝永5/4/10(1708/5/29)	宝永5/6/4(1708/7/21)	●	54	西海
165	吉貴	宝永7/閏8/26(1710/10/18)	宝永7/11/11(1710/12/30)	●	74	九州
167	吉貴	正徳4/9/9(1714/10/17)	正徳4/11/26(1715/1/1)	●	77	九州
169	吉貴	享保1/7/13(1716/8/29)	享保1/9/11(1716/10/25)	●	58	九州
171	吉貴	享保3/10/1(1718/10/24)	享保3/11/8(1718/12/29)	●	67	九州
173	吉貴	享保5/6/23(1720/7/28)	享保5/9/12(1720/10/13)	●	78	九州
175	継豊	享保6/3/18(1721/4/14)	享保6/5/11(1721/6/5)	●	53	西海
178	継豊	享保8/1/3(1723/2/7)	享保8/3/4(1723/4/8)	●	61	九州
180	継豊	享保9/12/26(1725/2/8)	享保10/2/25(1725/4/8)	●	60	九州
182	継豊	享保12/1/27(1727/2/17)	享保12/2/26(1727/4/17)	●	60	九州
184	継豊	享保14/1/5(1729/2/2)	享保14/3/5(1729/4/2)	●	60	九州
186	継豊	享保17/2/4(1732/2/29)	享保17/4/4(1732/4/28)	●	60	九州
188	継豊	享保19/2/5(1734/3/9)	享保19/4/4(1734/5/6)	●	59	九州
190	継豊	享保21/2/2(1736/3/13)	享保21/4/15(1736/5/25)	●	74	九州
197	宗信	延享3/1/4(1746/2/23)	延享3/3/2(1746/4/22)	●	59	九州

6．参観交替にかかった日数　73

番号	藩主	鹿児島発年月日（西暦）	江戸着年月日（西暦）	参観	日数	経路
199	宗信	寛延1/9/9(1748/10/1)	寛延1/12/11(1749/1/29)	●	121	西海
202	重年	寛延2/9/13(1749/10/23)	寛延2/11/6(1749/12/15)	●	54	九州
204	重年	宝暦2/9/11(1752/10/17)	宝暦2/12/2(1753/1/5)	●	81	九州
206	重年	宝暦4/5/11(1754/7/1)	宝暦4/7/22(1754/9/8)	●	70	九州
214	重豪	宝暦12/2/4(1762/2/27)		中止		
215	重豪	宝暦12/5/6(1762/6/27)	宝暦12/7/18(1762/9/6)	●	72	西海
217	重豪	宝暦14/3/22(1764/4/22)	宝暦14/5/13(1764/6/12)	●	52	九州
220	重豪	明和3/1/23(1766/3/3)	明和3/3/19(1766/4/27)	●	56	九州
222	重豪	明和5/2/6(1768/3/24)	明和5/3/29(1768/5/15)	●	53	九州
224	重豪	明和7/1/27(1770/2/22)	明和7/3/30(1770/4/25)	●	63	九州
226	重豪	明和9/1/25(1772/2/28)	明和9/3/25(1772/4/27)	●	60	九州
228	重豪	安永3/2/18(1774/3/29)	安永3/4/1(1774/5/11)	●	44	九州
230	重豪	安永5/4/21(1776/6/7)	安永5/6/5(1776/7/20)	●	44	九州
232	重豪	安永7/1/21(1778/2/17)	安永7/3/2(1778/3/30)	●	42	九州
234	重豪	安永9/1/9(1780/2/13)	安永9/2/18(1780/3/23)	●	40	九州
236	重豪	天明1/6/21(1781/8/10)	天明1/7/27(1781/9/15)	●	37	九州
238	重豪	天明4/1/13(1784/2/3)	天明4/2/1(1784/3/21)	●	48	九州
242	重豪	天明7/9/1(1787/10/11)	天明7/10/27(1787/12/6)	●	57	九州
244	斉宣	寛政2/9/6(1790/10/13)	寛政2/11/21(1790/12/26)	●	75	九州
246	斉宣	寛政4/5/28(1792/7/16)	寛政4/8/1(1792/9/16)	●	63	
249	重豪	寛政5/9/1(1793/10/5)	寛政5/10/13(1793/11/16)	●	43	九州
250	斉宣	寛政6/2/4(1794/3/5)	寛政6/3/27(1794/4/26)	●	53	
252	斉宣	寛政8/9/1(1796/10/1)	寛政8/10/13(1796/11/12)	●	43	
255	斉宣	寛政10/2/1(1798/3/17)	寛政10	●		
257	斉宣	寛政12	寛政12	●		
259	斉宣	享和2/1/15(1802/2/17)	享和2/3/3(1802/4/5)	●	48	
261	斉宣	文化1	文化1	●		
263	斉宣	文化3/9/4(1806/10/15)	文化3/10/19(1806/11/28)	●	45	
265	斉宣	文化5/7/21(1808/9/11)	文化5/9/9(1808/10/28)	●	48	
269	斉興	文化9	文化9	●		
272	重豪	文化10/10/21(1813/11/13)	文化10/11/28(1813/12/20)	●	38	九州
273	斉興	文化11	文化11	●		
275	斉興	文化13/2/15(1816/3/13)	文化13/4/1(1816/4/27)	●	46	
277	斉興	文政1/5/25(1818/6/28)	文政1/7/13(1818/8/14)	●	48	

番号	藩主	鹿児島発年月日（西暦）	江戸着年月日（西暦）	参観	日数	経路
279	斉興	文政3	文政3	●		
283	斉興	文政7/1/21(1824/2/20)	文政7/3/5(1824/4/4)	●	45	
285	斉興	文政9/1/25(1826/3/3)	文政9/3/14(1826/4/20)	●	49	
287	斉興	文政11	文政11	●		
291	斉興	天保3/9/1(1832/9/24)	天保3/11/16(1832/12/7)	●	75	
293	斉興	天保5/10/9(1834/11/9)	天保5/12月	●		
296	斉彬	天保7/2/18(1836/4/3)	天保7/4/10(1836/5/24)	●	52	九州
297	斉宣	天保7/9/1(1836/10/10)	天保7/10/28(1836/12/6)	●	58	
299	斉興	天保9/2/9(1838/3/4)	天保9/3/27(1838/4/21)	●	49	
301	斉興	天保11/2/6(1840/3/9)	天保11	●		
303	斉興	天保13/8/22(1842/9/26)	天保13/11/8(1842/12/9)	●	75	西海
305	斉興	天保15/2/6(1844/3/24)	天保15/3/25(1844/5/12)	●	50	西海
307	斉興	弘化3/2/4(1846/3/1)	弘化3/4/2(1846/4/27)	●	58	
310	斉彬	弘化4/3/15(1847/4/29)	弘化4/5/10(1847/6/22)	●	55	九州
311	斉興	嘉永1/8/21(1848/9/18)	嘉永1/10/10(1848/11/5)	●	49	
313	斉興	嘉永3/8/21(1850/9/26)	嘉永3/10/30(1850/12/3)	●	69	
315	斉彬	嘉永5/8/23(1852/10/6)	嘉永5/10/9(1852/11/20)	●	46	九州
317	斉彬	嘉永7/1/21(1854/2/18)	嘉永7/3/6(1854/4/3)	●	45	九州
319	斉興	安政4/1/28(1857/2/22)	安政4/3/18(1857/4/12)	●	50	
322	忠義	安政5/11/4(1858/12/8)	安政5/12/25(1859/1/28)	●	52	
324	忠義	安政7/3/13(1860/4/3)		中止		

※忠義は薩摩藩最後の藩主である

資料1　参観のまとめ

	総事例	日数あり	総日数	平均日数	最長	最短
参観	133	122	6976	57.18	161	29

※中止3例は除く

6.2 下国全表

表2 下国発着年月日

番号	藩主	江戸発年月日（西暦）	鹿児島着年月日（西暦）	下国	日数	経路
28	家久	寛永3/1月上旬	寛永3/3/1(1626/3/28)	●		
32	家久	寛永5/9/19(1628/10/16)	寛永5/10月下旬	●		
34	家久	寛永8/6/2(1631/7/1)	寛永8/7/5(1631/8/2)	●	33	日向
36	家久	寛永11	寛永11	●		
38	家久	寛永13/5/16(1636/6/19)	寛永13/6/18(1636/7/20)	●	32	
39	光久	寛永15/1/14(1638/2/27)	寛永15/2/16(1638/3/31)	●	33	西海
41	光久	寛永16/5/7(1639/6/8)	寛永16/6/16(1639/7/16)	●	39	日向
43	光久	寛永18/2/25(1641/4/5)	寛永18/4/2(1641/5/11)	●	37	
45	光久	寛永20/5/15(1643/6/30)	寛永20/6/17(1643/8/1)	●	33	西海
47	光久	正保3/4/26(1646/6/9)	正保3/6/6(1646/7/18)	●	40	西海
49	光久	正保5/2/13(1648/4/5)	慶安1/3/16(1648/5/8)	●	34	日向
51	光久	慶安3/5/22(1650/6/20)	慶安3/6/30(1650/7/28)	●	39	西海
53	光久	慶安5/5/5(1652/6/10)	慶安5/6/14(1652/7/19)	●	40	
55	光久	承応3/5/10(1654/6/24)	承応3/6/28(1654/8/10)	●	48	
57	綱久	明暦1/4/23(1655/5/28)	明暦1/5/27(1655/7/1)	●	35	西海
59	光久	明暦2/閏4/16(1656/6/8)	明暦2/6/8(1656/7/29)	●	52	日向
62	光久	明暦4/6/19(1658/7/19)	万治1/7/27(1658/8/25)	●	38	西海
64	綱久	万治2/4/29(1659/6/18)	万治2/6/15(1659/8/3)	●	47	
66	光久	万治3/4/13(1660/5/21)	万治3/5/28(1660/7/5)	●	46	西海
68	綱久	寛文1/5/4(1661/5/31)	寛文1/6/19(1661/7/15)	●	46	
70	光久	寛文2/5/25(1662/7/10)	寛文2/7/19(1662/9/1)	●	54	
72	綱久	寛文3/7/29(1663/8/31)	寛文3/9/9(1663/10/9)	●	40	
73	光久	寛文4/4月	寛文4/閏5/14(1664/7/7)	●		西海
76	綱久	寛文5/6/25(1665/8/6)	寛文5/8/10(1665/9/18)	●	44	
78	光久	寛文6/4/18(1666/5/21)	寛文6/6/10(1666/7/11)	●	52	西海
80	綱久	寛文7/7/7(1667/8/26)	寛文7/8/16(1667/10/3)	●	39	
82	光久	寛文8/4/18(1668/5/28)	寛文8/6/15(1668/7/23)	●	57	
84	綱久	寛文9/5/8(1669/6/6)	寛文9/7/1(1669/7/28)	●	53	西海
86	光久	寛文10/4/25(1670/6/12)	寛文10/6/11(1670/7/27)	●	46	西海
87	綱貴	寛文10/6/10(1670/7/26)	寛文10/7/25(1670/9/9)	●	46	西海

番号	藩主	江戸発年月日（西暦）	鹿児島着年月日（西暦）	下国	日数	経路
90	綱久	寛文11/6/3(1671/7/9)	寛文11/7/25(1671/8/29)	●	52	
92	光久	寛文12/4/18(1672/5/15)	寛文12/6/14(1672/7/8)	●	55	西海
93	綱貴	寛文12/6/18(1672/7/12)	寛文12/閏6/30(1672/8/22)	●	42	西海
97	綱貴	寛文13/8/16(1673/9/26)	延宝1/10/22(1673/11/30)	●	66	西海
99	光久	延宝2/4/18(1674/5/23)	延宝2/7/13(1674/8/14)	●	84	西海
101	綱貴	延宝3/10/1(1675/11/17)	延宝3/11/21(1676/1/6)	●	51	日向
102	光久	延宝4/5/22(1676/7/3)	延宝4/8/4(1676/9/11)	●	71	西海
105	綱貴	延宝5/10/12(1677/11/7)	延宝5/11/16(1677/12/10)	●	34	日向
106	光久	延宝6/5/21(1678/7/9)	延宝6/7/17(1678/9/2)	●	56	西海
109	綱貴	延宝7/8/13(1679/9/17)	延宝7/9/15(1679/10/19)	●	33	西海
110	光久	延宝8/4/8(1680/5/6)	延宝8/6/27(1680/7/22)	●	78	西海
113	綱貴	延宝9/7/28(1681/9/10)	延宝9/8/19(1681/9/30)	●	21	日向
116	光久	天和2/5/3(1682/6/8)	天和2/7/2(1682/8/4)	●	58	西海
118	綱貴	天和3/閏5/13(1683/7/7)	天和3/6/27(1683/8/19)	●	44	西海
120	光久	貞享1/5/12(1684/6/24)	貞享1/6/29(1684/8/10)	●	48	西海
122	綱貴	貞享2/6/25(1685/7/26)	貞享2/9/6(1685/10/3)	●	70	西海
124	光久	貞享3/4/25(1686/6/15)	貞享3/7/1(1686/8/19)	●	66	西海
126	綱貴	貞享4/9/28(1687/11/2)	貞享4/12/13(1688/1/15)	●	75	西海
127	綱貴	貞享5/6/6(1688/7/3)	貞享5/8/6(1688/8/31)	●	60	西海
130	光久	元禄2/6/28(1689/8/13)	元禄2/8/28(1689/10/11)	●	60	西海
132	綱貴	元禄3/6/29(1690/8/3)	元禄3/9/3(1690/10/4)	●	63	西海
134	光久	元禄4/閏8/21(1691/10/12)	元禄4/11/3(1691/12/22)	●	72	西海
136	綱貴	元禄5/7/6(1692/8/17)	元禄5/8/26(1692/10/6)	●	51	西海
138	光久	元禄6/4/13(1693/5/17)	元禄6	●		
139	綱貴	元禄7/6/1(1694/7/22)	元禄7/6/18(1694/8/8)	●	18	九州
142	吉貴	元禄8/6/10(1695/7/20)	元禄8/7/25(1695/9/3)	●	46	西海
144	綱貴	元禄9/6/2(1696/6/30)	元禄9/8/4(1696/8/31)	●	63	西海
146	吉貴	元禄10/6/6(1697/7/23)	元禄10/8/4(1697/9/18)	●	58	西海
148	綱貴	元禄11/9/30(1698/11/2)	元禄11/11/15(1698/12/16)	●	45	日向
150	吉貴	元禄13/4/16(1700/6/3)	元禄13/6/21(1700/8/5)	●	64	西海
152	綱貴	元禄14/5/30(1701/7/5)	元禄14/7/10(1701/8/13)	●	40	九州
154	吉貴	元禄15/4/13(1702/5/9)	元禄15/6/22(1702/7/16)	●	69	九州
156	綱貴	元禄16/6/18(1703/7/31)	元禄16/8/4(1703/9/14)	●	46	九州
158	吉貴	宝永1/5/21(1704/6/22)	宝永1/7/1(1704/8/1)	●	41	九州

番号	藩主	江戸発年月日（西暦）	鹿児島着年月日（西暦）	下国	日数	経路
160	吉貴	宝永2/7/9（1705/8/27）	宝永2/9/1（1705/10/18）	●	53	九州
162	吉貴	宝永4/7/1（1707/7/29）	宝永4/9/1（1707/9/26）	●	60	九州
164	吉貴	宝永6/6/23（1709/7/29）	宝永6/8/13（1709/9/16）	●	50	九州
166	吉貴	正徳1/7/1（1711/8/14）	正徳1/8/15（1711/9/27）	●	45	九州
168	吉貴	正徳5/7/9（1715/8/7）	正徳5/8/30（1715/9/27）	●	52	九州
170	吉貴	享保2/6/25（1717/8/2）	享保2/8/15（1717/9/19）	●	49	九州
172	吉貴	享保4/6/16（1719/8/1）	享保4/10/28（1719/12/9）	●	131	九州
174	継豊	享保5/11/5（1720/12/4）	享保6/1/5（1721/2/1）	●	60	九州
176	吉貴	享保7/2/16（1722/4/1）	享保7/4/21（1722/6/4）	●	65	西海
177	継豊	享保7/5/2（1722/6/15）	享保7/6/23（1722/8/4）	●	51	日向
179	継豊	享保8/9/27（1723/10/25）	享保8/12/1（1723/12/27）	●	64	九州
181	継豊	享保10/10/11（1725/11/15）	享保10/12/26（1726/1/28）	●	75	九州
183	継豊	享保12/10/9（1727/11/21）	享保12/12/5（1728/1/15）	●	56	九州
185	継豊	享保15/5/13（1730/6/27）	享保15/7/1（1730/8/14）	●	49	九州
187	継豊	享保18/5/23（1733/7/4）	享保18/7/11（1733/8/20）	●	48	九州
189	継豊	享保20/4/21（1735/6/11）	享保20/6/18（1735/8/6）	●	57	九州
196	宗信	延享2/4/27（1745/5/28）	延享2/7/22（1745/8/19）	●	84	九州
198	宗信	延享4/4/23（1747/5/31）	延享4/6/25（1747/8/1）	●	63	九州
200	継豊	寛延2/2/4（1749/3/22）	寛延2/4/23（1749/6/7）	●	78	九州
201	宗信	寛延2/3/22（1749/5/8）	寛延2/5/18（1749/7/2）	●	56	九州
203	重年	寛延4/4/23（1751/5/18）	寛延4/6/21（1751/7/13）	●	57	九州
205	重年	宝暦3/4/23（1753/5/25）	宝暦3/6/9（1753/7/9）	●	46	日向
213	重豪	宝暦11/4/22（1761/5/26）	宝暦11/6/23（1761/7/24）	●	60	九州
216	重豪	宝暦13/4/28（1763/6/9）	宝暦13/6/21（1763/7/31）	●	53	九州
219	重豪	明和2/5/4（1765/6/21）	明和2/6/22（1765/8/8）	●	49	九州
221	重豪	明和4/4/21（1767/5/18）	明和4/6/6（1767/7/1）	●	45	日向
223	重豪	明和6/8/25（1769/9/24）	明和6/10/17（1769/11/14）	●	52	九州
225	重豪	明和8/5/28（1771/7/10）	明和8/8/18（1771/9/26）	●	79	西海
227	重豪	安永2/閏3/15（1773/5/6）	安永2/4/25（1773/6/14）	●	40	九州
229	重豪	安永4/4/21（1775/5/20）	安永4/6/4（1775/7/1）	●	43	九州
231	重豪	安永6/4/21（1777/5/27）	安永6/6/6（1777/7/10）	●	45	九州
233	重豪	安永8/5/15（1779/6/28）	安永8/6/28（1779/8/10）	●	44	
235	重豪	安永10/3/28（1781/4/21）	天明1/5/15（1781/6/6）	●	47	九州
237	重豪	天明3/8/28（1783/9/24）	天明3/10/13（1783/11/7）	●	45	九州

番号	藩主	江戸発年月日（西暦）	鹿児島着年月日（西暦）	下国	日数	経路
241	重豪	天明7/3/15(1787/5/2)	天明7/6/3(1787/7/17)	●	77	九州
243	斉宣	寛政1/5/28(1789/6/21)	寛政1/閏6/1(1789/7/23)	●	33	
245	斉宣	寛政3/5/1(1791/6/2)	寛政3/6/25(1791/7/25)	●	54	
247	重豪	寛政4/9/1(1792/10/16)	寛政4/10/22(1792/12/5)	●	51	九州
248	斉宣	寛政5/5/4(1793/6/12)	寛政5/6/25(1793/8/1)	●	51	
251	斉宣	寛政7/4/27(1795/6/14)	寛政7/6/15(1795/7/30)	●	47	
254	斉宣	寛政9/4/22(1797/5/18)	寛政9/6/19(1797/7/13)	●	57	
256	斉宣	寛政11/3/25(1799/4/29)	寛政11/5/15(1799/6/18)	●	51	
258	斉宣	享和1/3/27(1801/5/9)	享和1/5/16(1801/6/26)	●	49	
260	斉宣	享和3	享和3	●		
262	斉宣	文化2/3/22(1805/4/21)	文化2/5/11(1805/6/8)	●	49	
264	斉宣	文化4/9/6(1807/10/7)	文化4/10/23(1807/11/22)	●	47	
268	斉興	文化8/5/1(1811/6/21)	文化8/6/27(1811/8/15)	●	56	
270	重豪	文化10/8/4(1813/8/29)	文化10/9/14(1813/10/7)	●	40	九州
271	斉興	文化10	文化10/9/13(1813/10/6)	●		
274	斉興	文化12/5/25(1815/7/2)	文化12/7/16(1815/8/20)	●	50	
276	斉興	文化14/4/21(1817/6/5)	文化14/6/6(1817/7/19)	●	45	
278	斉興	文政2/4/22(1819/5/15)	文政2/5/9(1819/6/30)	●	47	
282	斉興	文政6/3/21(1823/5/1)	文政6/5/5(1823/6/13)	●	44	
284	斉興	文政8/2/21(1825/4/9)	文政8/4/4(1825/5/21)	●	43	
286	斉興	文政10/4/15(1827/5/10)	文政10/6/7(1827/6/30)	●	52	
289	斉興	文政13/2/21(1830/3/15)	文政13/閏3/6(1830/4/28)	●	45	
292	斉興	天保4/4/15(1833/6/2)	天保4/6/3(1833/7/19)	●	48	
294	斉彬	天保6/4/27(1835/5/24)	天保6/6/23(1835/7/18)	●	56	九州
295	斉宣	天保6/8/29(1835/10/20)	天保6/11/6(1835/12/25)	●	67	
298	斉興	天保8/3/22(1837/4/26)	天保8/5/9(1837/6/11)	●	47	
300	斉興	天保10/3/6(1839/4/19)	天保10/5/3(1839/6/13)	●	56	
302	斉興	天保12/閏1/19(1841/3/11)	天保12/3/12(1841/5/2)	●	53	
304	斉興	天保14	天保14/5/11(1843/6/8)	●		
306	斉興	弘化2/1/25(1845/3/3)	弘化2/3/9(1845/4/15)	●	44	
308	斉彬	弘化3/6/8(1846/7/30)	弘化3/7/25(1846/9/15)	●	48	
309	斉興	弘化4/1/19(1847/3/5)	弘化4/3/8(1847/4/22)	●	49	
312	斉興	嘉永2/2/4(1849/2/26)	嘉永2/3/24(1849/4/16)	●	50	
314	斉彬	嘉永4/3/9(1851/4/10)	嘉永4/5/9(1851/6/8)	●	60	九州

番号	藩主	江戸発年月日（西暦）	鹿児島着年月日（西暦）	下国	日数	経路
316	斉彬	嘉永6/5/2(1853/6/8)	嘉永6/6/22(1853/7/27)	●	50	九州
318	斉興	安政2/9/22(1855/11/1)	安政2/11/10(1855/12/18)	●	48	
320	斉彬	安政4/4/1(1857/4/24)	安政4/5/24(1857/6/15)	●	53	九州
321	斉興	安政5/8/26(1858/10/2)	安政5/10/11(1858/11/16)	●	46	九州
323	忠義	安政6/3/25(1859/4/27)	安政6/5/19(1859/6/19)	●	54	九州

資料2　下国のまとめ

	総事例	日数あり	総日数	平均日数	最長	最短
下国	137	129	6671	51.71	131	18

6.3　参観・下国両表のまとめ

資料3　まとめ表

	総事例	日数あり	総日数	平均日数	最長	最短
参観	133	122	6976	57.18033	161	29
下国	137	129	6671	51.71318	131	18

※日数には出発日、船での風待ちや大坂・伏見での短期滞留も含めた

6.3.1　参観

　日数の計算ができるのは122の事例。鹿児島を出て江戸に到着するまでの平均旅日数は、約57日である。最長事例は、「161日」もかけて江戸に着いた、2代藩主光久の参観である。1675（延宝3）年4月21日に鹿児島を出発して、閏4・5・6・7・8月を旅して9月4日に江戸へ到着した。その理由は、途中病気療養したためである。

　また、最短事例は、「29日」で江戸に着いた4代吉貴。1704（宝永元）年8月21日に出発して、翌9月19日には到着した。大坂からは東海道を経て、わずか6日で江戸に着いた。これは、幕府老中稲葉正道が、3代綱貴の見舞いのための参府として特別に許したことから、急いで出府したものである。綱貴は吉貴が到着して対面したその日に亡くなった。享年55歳。

6.3.2 下国

日数の計算ができる129の事例から見て、江戸を出発して鹿児島に到着するまでの平均旅日数は約52日である。

最長事例は、「131日」もかかった4代吉貴。1719（享保4）年6月16日江戸芝邸を出発した。播州坂越から出帆して、備後鞆に入港したのが7月26日。翌日、船の「駕舩不快」「減人数」のため、ここから陸路をとるが、赤間関に着いたのが9月7日である。鞆から今津へ1日として、今津から陸路赤間関はせいぜい数日の道程である。何故このように遅延したかの理由としては、経路変更の許可を得るのに時間がかかった、病気療養していた、などが考えられるが、資料は見つけられなかった。一行は9月10日大里を出て、10月5日米之津に着いた。この日に早々に帰国感謝の使者を出したが、甕府に入ったのは10月28日であった。米之津と鹿児島は通常は4～5日程度しかかからないが、鹿児島に着く前に使者を出したことになる。
※○坂越（姫路市）○備後鞆（広島県福山市鞆町）○赤間関（下関市）○今津（山陽道宿駅、福山市今津町）○大里（北九州市門司区）○米之津（出水市米ノ津）

最短事例は、「18日」の3代綱貴。1694（元禄7）年6月1日江戸を出発して、早くも6月16日には球磨川に着き、6月18日には甕府に入った。この異例の早さは、祖父2代藩主の光久の病気が重いとのことで急いだからである。光久は、綱貴に1日遅れて鹿児島に着いた幕府派遣医師の看病もあって、夏を越し、11月29日に亡くなった。享年79歳。

参観と下国を比較すると、下国の日数が5日ほど短いが、帰りは季節的に船便がうまくいくことも一因であったのではと考える。

6.4　参観交替の免除の場合

幕府の重要政策である参観交替政策に従わないことなどできそうもないと考えるが、実際は、病気などを理由に在府・在国を願う例はあった。

なかでも、5代継豊は、身体不調を理由に数年にわたって在府した。1737

（元文2）年3月16日に、「病気今以全快不仕」「長途之旅難仕」と申し出て、「願之通滞府可被致候」と許可を得た。以後、「御暇年」の前年12月にこのような嘆願を繰り返して滞府（在府）し続けた。1746（延享3）年には、藩主の座を宗信へ譲る。継豊が帰国したのは、1749（寛延3）年である。帰国したら今度は、1760（宝暦10）年に死去するまで鹿児島に居続けた。その前年の1759（宝暦9）年に、継豊の3カ年の在国・養生を願ったのは、若き8代藩主島津重豪であった。ちなみに、継豊の夫人は5代将軍綱吉の息女竹姫である。

次に、長期免除に至ったのは、その8代重豪である。1755（宝暦5）年6月16日、7代重年が死去した。享年27歳。藩を挙げて取り組んだ宝暦治水工事が完成したのが3月28日、平田正輔（靱負）が責任を負い切腹したのは、5月25日である。前年、重年は重豪を同行して江戸へ向かったが、その時改修工事を視察している。

重年の跡を継いだ8代重豪は、まだ11歳であった。幕府は重豪を滞府させたまま、翌年の1756（宝暦6）年、薩摩に「監国使」2人を送り込んだ。2人は4月5日江戸を発ち、5月17日出水を経て、鹿児島に入ったのは同月23日であった。以後精力的に藩内監察に努めた。帰府の命を受け、鹿児島城下を発ったのが11月3日、江戸に着いたのは閏11月12日であった（下記資料「監国使」参照）。

資料4　監国使　追録5：1724、1818、1832ほか

月	日	1756（宝暦6）年 監国使	監国使 京極高主	監国使 青山七右衛門	目付 大脇弥五右衛門	家老 高橋縫殿種壽	家老 島津久馬	番頭兼用人 名越左源太信篤	用人 相良長主	留守居 佐久間村央	使番 岩下方苞	目付 肥後盛望	船奉行 土岐常警
4	5	江戸	○	○									
	16	伏見	○	○									
	17	大坂	○	○	○								
	18	～木津川待機	○	○	○								
	22	木津川発	○	○	○								
5	9	小倉	○	○									
	10	～九州之驛	○	○									

5	17	出水郷米ノ津宿	○	○	○				
	18	高尾野、野田、阿久根宿	○	○	○				
	19	西方、水引郷大小路宿	○	○	○				
	20	中郷、東郷、山崎、宮之城宿	○	○	○				
	21	中津川、山箇野金山、横川宿	○	○	○				
	22	石原、加治木、脇本宿	○	○	○	○			
	23	麑府、家老以下迎える	○	○	○	○			
6	11	城で進膳	○	○					
	16	重年公の墓参	○	○					
	17	南泉廟	○	○					
7	3	谷山(下方向方)	○	○			○	○	○	○
	4	指宿、山川宿	○	○			○	○	○	○
	5	山川、鳥濱、大姶良宿	○	○			○	○	○	○
	6	鹿屋、高山、串良、大崎、志布志宿	○	○			○	○	○	○
	7	松山、末吉、都之城宿	○	○			○	○	○	○
	8	都之城、寺柱、都之城宿	○	○			○	○	○	○
	9	財部、通山、福山宿	○	○			○	○	○	○
	10	濱之市、宮内正八幡宮、濱之市宿	○	○			○	○	○	○
	11	下祇園洲着船、帰館	○	○			○	○	○	○
8	12	城南士街路から南林寺洲崎	○	○						
	25	島津忠紀邸	○	○						
9	3	島津久茂邸	○	○						
	4	妙谷寺	○	○						
	11	島津貴傳邸	○	○						
	15	島津久定邸	○	○						
	21	島津久柄邸	○	○						
	24	城山、南泉院、岩崎口、新上橋口、南泉院	○	○						
	26	大門口乗船、桜島、野尻、小池	○	○						
10	9	島津久郷・久亮・高橋縫殿邸	○	○						
	10	江戸帰府の命来る	○	○						
	26	書院で宴会	○	○						
11	3	鹿児島発す、横井で休憩、伊集院苗代川宿	○	○		○		○	○	
	4	市来湊休憩、串木野、隈之城、森尾町宿	○	○						
	5	西方休憩、阿久根宿	○	○						
	6	野田休憩、高尾野、米之津宿	○	○						
	7	出水境之谷、肥後、九州之驛	○	○						
	15	豊州大里	○	○						○
	16	乗船	○	○						
	28	大坂	○	○						
	29	枚方筋陸路	○	○						
	30	京都、美濃東海驛	○	○						
閏11	12	江都着、復命	○	○						

　8代重豪が初入部するのは、その5年後の1761（宝暦11）年6月23日である。その後を追うように幕府巡見使の一行が肥後水俣を経て、諸所巡視し、

6月28日鹿児島へ入った。重豪が接待している。巡見使の一人の病気とその死もあり、一行が薩摩を出発したのは9月1日であった（下記資料「西国巡見使」参照）。

資料5　西国巡見使　追録5：2529

月	日	1761（宝暦11）年西国巡見使	巡見使 青山成存	巡見使 神保帯刀	巡見使 花房正路	家老 鎌田正芳	家老 島津久亮	若年寄 祢寝清香	物頭 久保七兵衛	用人 堀貞起	用人 堀興貞	用人 相良長主	留守居 山本清秋	留守居 伊集院兼丘	目付 蒲生清定	目付 四木兼寛	記録方 児玉實門
6	15	宇土三使旅館へ	○	○	○												
	22	水俣	○	○	○					○	○						
	22	三使、出水米之津	○	○	○	○				○	○						
	23	阿久根宿、正芳先へ視察	○	○									○	○	○		○
	24	水引森尾町	○	○													
	25	遡流、東郷船倉町、宮之城宿	○	○													
	26	山箇野金山、横川宿か	○	○													
	27	溝邊、加治木、帖佐脇元宿	○	○													
	28	重富、罋府、重豪接待す	○	○	○	○											
	29	雨で滞留															
	30	喜入へ、三日滞留															
7	3	今和泉、指宿、山川宿	○	○													
	4	大根占鳥濱、大姶良（4日）	○	○													
	9	志布志、神保氏看病（10日）	○	病気													
	19	都之城、寺柱へ	○		○												
	20	飫肥領に入る	○		○												
8	2	志布志へ神保氏見舞い						見舞	○								
	10	神保氏死去、志布志発末吉へ		移動		○			○	○	○				○		
	11	加治木（〜12日）		移動		○											
	13	山箇野金山		移動		○											
	14	宮之城		移動		○											

8	15	水引	移動	○		○	○	○			○	○
	16	阿久根	移動	○		○	○	○			○	○
	17	出水米之津	移動	○		○	○	○			○	○
	19	両使の元へ派遣			○				○			
	27	両使秋月より再来、米之津	看病	看病								
	29	米之津成願寺に葬る	○	葬儀	○			○				
9	1	両使出発	○		○			○	○	○		○
	2	神保氏従者出発	○	従者	○			○	○	○		○

※資料にあった医師名の欄は省略した

6.5 参観交替の終わり

　薩摩藩主の参観交替は、1859（安政6）年5月19日に、12代忠義（茂久）が初入部したのが「下国」の最後となった。翌1860（安政7）年の「参観」は、途中で中止された。理由は桜田門外の変の報に接し、薩摩藩士が加担していたことから、筑後松崎駅から引き返したためである。以後は江戸藩邸を意図的に焼いて、住むところがないとの理由で延引を図り参観猶予を出して、二度と行くことはなかった。つまり薩摩藩にとっては、1860年が参観交替最後の年となった。

　薩摩藩最後の藩主12代忠義（茂久）の父である島津久光が、国事周旋を済ませて江戸を発ったのが1862（文久2）年8月21日、一行はこの日横浜で生麦事件を引き起こす。参観交替制度は、そのひと月後の閏8月22日に劇的に改変された。「3年に1回、妻子は帰国可」となる。

　12代忠義（茂久）は、予定では1863（文久3）年の正月中に参観、夏中滞在し、7月1日御暇となっていた。しかし、参観することはなかった。後に幕府は、従来の制度に復帰を図ったが、もはや元には復せなかった。

7. 参観の実例（島津斉彬）

　1854（嘉永7）年1月21日に出立した、11代藩主島津斉彬の一行は、九州路・中国路を順調に旅し、大坂に着いたのが2月17日。18・19の両日滞在し、2月20日朝、淀川を上って夕方伏見に着いた。ここにも2日滞在して、2月23日午前8時に伏見を出た。大津から船で矢橋に渡らず、陸路をとった。草津に着いたのは午後5時12分だった。翌24日午前5時に草津を出て坂ノ下に着いたのが、午後4時20分。以後時間についての記事はない。一行が品川からほぼ1里の江戸芝邸に到着したのは3月6日で、鹿児島から45日間の旅であった。島津当主斉彬はこの時46歳、藩主としては2回目の参観であった。

表1　参観行程表

旅程	日付	天候	宿駅名	到着時間	出発時間	休憩時間	里	町	間	山田為正の記録
1日目	1月21日 2月18日(金)	晴	鹿児島（発駕前の式）		10:24					御発駕
			水上	11:14	12:08	0:54	0.5	12	17	
			横井	13:47	14:20	0:33	1.5	8	49	御休
			五本松	15:30	15:40	0:10	1	6	36	
			苗代川	17:25			1.5	15	18	七ツ半(5時)過御着
	合計　総距離数22.37km、歩行時間5時間24分、休憩時間1時間37分、総所要時間7時間01分										
2日目	1月22日 2月19日(土)	晴	苗代川		6:40					六ツ半(7時)御立(以後定刻は六ツ半とす)
			妙見嶽	8:00	8:00	0:00	1	9	58	
			市来湊御仮屋	9:25	10:17	0:52	×	×	×	御昼
			五反田茶屋	11:20	11:44	0:24	1	1	10	
			木場御茶屋	12:55	13:30	0:35	1	13	53	
			向田	14:57			1.5	4	40	
	合計　総距離数26.08km、歩行時間6時間26分、休憩時間1時間51分、総所要時間8時間17分										

旅程	日付	天候	宿駅名	到着時間	出発時間	休憩時間	里	町	間	山田為正の記録
3日目	1月23日 2月20日(日)	晴	向田		6:13					六ツ(6時)過出立
			高城柊平御水茶屋	8:23	9:00	0:37	1.5	10	2	
			西方御仮屋	9:53	11:40	1:47	1.5	10	57	九ツ(12時)御着待上
			阿久根伏森口	13:54	14:05	0:11	1.5	16	39	
			阿久根御仮屋	15:33			1	15	24	七ツ(4時)前・大島へ
合計	総距離数27.39km、歩行時間6時間32分、休憩時間2時間35分、総所要時間9時間07分									
4日目	1月24日 2月21日(月)	朝雨昼晴	阿久根御仮屋		8:00					五ツ(8時)御立
			柴山	9:14	9:30	0:16	1	0	45	
			野田	10:42	11:35	0:53	1	0	44	御休(御供交替)
			高尾野西之平御水茶屋	12:35	13:04	0:29	1	0	19	
			出水御仮屋	14:19			1	9	48	九ツ半過(1時)着
合計	総距離数16.92km、歩行時間4時間41分、休憩時間1時間38分、総所要時間6時間19分									
5日目	1月25日 2月22日(火)	風雨雪智霰	出水御仮屋		5:40					七ツ半(5時)出立(泊番)
			米之津御茶屋	7:16	8:45	1:29	1.5	11	7	
			笹原御水茶屋	9:09	9:45	0:36	1	11	56	
			水俣	12:21	13:15	0:54	2	0	0	御休・昼飯
			貫村	15:10	15:37	0:27	1.5	0	0	小休
			貫峠(御野立)				0	0	0	
			湯浦	18:32	18:53	0:21				
			佐鋪(佐敷)	20:23			1	0	0	夜五ツ(8時)、七ツ(4時)前着
合計	総距離数33.93km、歩行時間10時間56分、休憩時間3時間47分、総所要時間14時間43分									
6日目	1月26日 2月23日(水)	微雪	佐鋪(佐敷)		6:05					六ツ(6時)御立
			佐敷峠				0	26	0	
			田之浦	8:30	9:03	0:33	1.5	0	0	御休・抜く(先へ)
			赤松峠				0	26	0	
			二見村	11:10	11:33	0:23	1	0	0	
			日奈久	12:50	13:47	0:57	1	4	0	
			平山村				1	0	0	
			八代	16:05			1.5	0	0	九ツ半(1時)過着
合計	総距離数29.68km、歩行時間8時間07分、休憩時間1時間53分、総所要時間10時間00分									

7．参観の実例（島津斉彬） 87

旅程	日付	天候	宿駅名	到着時間	出発時間	休憩時間	里	町	間	山田為正の記録
7日目	1月27日 2月24日(木)	曇（雪まじり）	八代		8:18					六ツ半(7時)出立
			種子山村	9:19	9:48	0:29	2	0	0	
			小川本陣	11:30	12:17	0:47	1	20	0	御休(待上、夕御供)
			豊福村	13:44	14:08	0:24	1	10	0	
			古保里	15:30	15:50	0:20	1	10	0	
			川尻本陣	17:55			2	0	0	暮比御着
	合計　総距離数31.86km、歩行時間7時間37分、休憩時間2時間00分、総所要時間9時間37分									
8日目	1月28日 2月25日(金)	朝雪	川尻本陣		6:35					六ツ半(7時)出勤供す
			熊本入口	8:07	8:49	0:42	1.5	0	0	小休、御供
			同所出切	9:51	10:22	0:31	1	0	0	小休、御供放れる
			御馬下村	11:22	11:42	0:20	1	5	0	
			植木御茶屋	12:37	13:20	0:43	1	0	0	御休、昼飯
			廣野町	15:19	15:40	0:21	2	0	0	
			山鹿御茶屋	16:57			1	0	0	八ツ(2時)過着す
	合計　総距離数30.00km、歩行時間7時間45分、休憩時間2時間37分、総所要時間10時間22分									
9日目	1月29日 2月26日(土)	晴	山鹿御茶屋		6:36					七ツ半(5時)御着、九ツ(12時)前着
			岩村	8:08	8:29	0:21	1.5	0	0	
			肥猪村	9:49	10:09	0:20	1.5	0	0	
			南之關御茶屋	11:29	12:15	0:46	2	0	0	御休、昼飯
			原之町	14:02	14:22	0:20	2	0	0	
			瀬高御茶屋	16:14			2	0	0	七ツ半(5時)御着、九ツ(12時)前
	合計　総距離数35.35km、歩行時間7時間51分、休憩時間1時間47分、総所要時間9時間38分									
10日目	2月1日 2月27日(日)	曇（雨少し）	瀬高御茶屋		5:15					七ツ半(5時)出立
			羽犬塚	8:13	8:38	0:25	2	0	0	
			一條町(村)	9:24	9:46	0:22	1	0	0	
			府中久留米侯御茶屋	11:41	12:43	1:02	2	0	0	昼飯
			古賀茶屋	13:53	14:10	0:17	1	0	0	
			松崎久留米侯御茶屋	15:40	16:00	0:20	2	0	0	
			乙隈				0	0	0	
			山家	18:30			3	0	0	九ツ半(夜1時)着
	合計　総距離数43.2km、歩行時間10時間49分、休憩時間2時間26分、総所要時間13時間15分									

旅程	日付	天候	宿駅名	到着時間	出発時間	休憩時間	里	町	間	山田為正の記録
11日目	2月2日 2月28日(月)	晴	山家		2:31					八ツ半(3時)御立
			西山村	4:00	4:35	0:35	1	12	0	
			内野	6:00	6:28	0:28	1.5	0	0	
			天道村				1	0	0	抜く
			飯塚※対面待つ(12:25来る)	記事なし	16:50	計算不能	1	7	0	五ツ半(9時)御着・御休
			小竹	18:30	18:45	0:15	1	26	0	
			直方			0:00	1	2	0	立場抜く
			木屋之瀬	21:45			1	6	0	四ツ(夜10時)前着
	合計　総距離数35.24km、歩行時間計算不能、休憩時間計算不能、総所要時間19時間14分
12日目	2月3日 3月1日(火)	昼晴	木屋之瀬		7:45					六ツ(6時)過出勤御供
			石坂	8:53	9:16	0:23	1	0	0	
			黒崎	11:13	11:55	0:42	2	0	0	御休(代合す)
			大倉村	13:15	13:32	0:17	1.5	0	0	
			小倉	14:55			1.5	0	0	御止宿、下関着(七ツ半)
	合計　総距離数23.57km、歩行時間5時間48分、休憩時間1時間22分、総所要時間7時間10分
13日目	2月4日 3月2日(水)	晴	小倉		5:28					六ツ(6時)過下関発す
			大里	7:02	7:18	0:16	1	0	0	
			下之關(下ノ関)	9:30	10:12	0:42	1	0	0	
			長府	11:57	12:22	0:25	2	0	0	
			清末鞍馬町	14:10	14:35	0:25	1.5	7	0	
			吉田	16:05			1	11	0	九ツ(正午)前着
	合計　総距離数27.5km、歩行時間8時間49分、休憩時間1時間48分、総所要時間10時間37分
14日目	2月5日 3月3日(木)	晴	吉田		5:35					御立後出立、抜く
			石住	7:12	7:34	0:22	1	14	0	
			厚狭市	8:48	9:10	0:22	1.5	0	0	
			船木	10:37	11:24	0:47	1	8	0	昼飯
			新道峠			0:00	1.5	0	0	抜く
			下山中村	13:52	14:13	0:21	1	0	0	
			高根村	15:50	15:56	0:06	1.5	0	0	
			小郡	17:23			1	10	0	七ツ(4時)前着す
	合計　総距離数36.88km、歩行時間9時間50分、休憩時間1時間58分、総所要時間11時間48分

7．参観の実例（島津斉彬） 89

旅程	日付	天候	宿駅名	到着時間	出発時間	休憩時間	里	町	間	山田為正の記録
15日目	2月6日(金) 3月4日(金)	晴雨	小郡		5:55					六ツ(6時)御立、七ツ半(5時)代番・終日御供
			立石	7:00	7:25	0:25	1	8	0	
			臺道村	8:40	9:00	0:20	1	6	0	
			宮市(今市)	11:17	12:05	0:48	2	0	0	御休(小雨)
			富海(とふみ)	14:00	14:23	0:23	2	0	0	
			戸田市村	15:40	15:53	0:13	1	8	0	
			福川	17:00			1	10	0	暮前御着
合計	総距離数34.91km、歩行時間8時間56分、休憩時間2時間09分、総所要時間11時間05分									
16日目	2月7日(土) 3月5日(土)	朝雨	福川		6:19					六ツ半(7時)、朝御供
			徳山御茶屋	8:18	8:45	0:27	2	0	0	
			花岡	10:30	11:12	0:42	1.5	0	0	御休
			呼坂	14:00	14:29	0:29	2	10	0	
			中山峠	15:20	15:42	0:22	0	28	0	
			玖河	17:45			2	0	0	七ツ半(5時)御着
合計	総距離数33.6km、歩行時間9時間26分、休憩時間2時間00分、総所要時間11時間26分									
17日目	2月8日(日) 3月6日(日)	朝雨	玖河		4:30					八ツ半(3時)出立
			柱野	7:00	7:25	0:25	2	0	0	御荘川満水のため錦帯橋廻りす
			關戸	9:48	10:32	0:44	2.5	0	0	食事
			中津原	11:28	11:44	0:16	0	30	0	
			玖波	13:28	13:53	0:25	1.5	10	0	四ツ半(11時)着(屋形舟借る)
			大野村	16:13	16:35	0:22	1.5	0	0	
			廿日市	19:00			2	0	0	九ツ(12時)過着
合計	総距離数41.68km、歩行時間12時間18分、休憩時間2時間12分、総所要時間14時間30分									
18日目	2月9日(月) 3月7日(月)	晴	廿日市		5:24					六ツ(6時)出立
			草津	7:08	7:35	0:27	1.5	0	0	
			松原	8:33	8:53	0:20	1	0	0	
			岩鼻	10:18	10:42	0:24	1.5	0	0	
			海田市	12:00	12:45	0:45	1	5	0	御休、抜く
			中野村			0:00	1	0	0	立場抜く
			上(中)瀬尾村	15:23	15:49	0:26	1.5	0	0	
			飯田村	18:25	18:45	0:20	2	0	0	
			西條四日市	19:53			1	0	0	六ツ半(7時)御着
合計	総距離数41.79km、歩行時間11時間47分、休憩時間2時間42分、総所要時間14時間29分									

旅程	日付	天候	宿駅名	到着時間	出発時間	休憩時間	里	町	間	山田為正の記録
19日目	2月10日 3月8日(火)	晴	西條四日市		4:34					七ツ半(5時)
			石立村	6:20	6:39	0:19	1.5	0	0	
			田万里市	7:42	8:07	0:25	1	0	0	参上、夕御供
			新荘村	9:12	9:30	0:18	1	8	0	
			沼田本郷	12:12	13:00	0:48	2.5	0	0	
			木之濱	14:47	15:02	0:15	1.5	0	0	
			糸崎	16:47	17:03	0:16	1.5	0	0	
			尾之道	19:22			2	10	0	六ツ半(7時)御着
合計　総距離数45.17km、歩行時間12時間27分、休憩時間2時間21分、総所要時間14時間48分											
20日目	2月11日 3月9日(水)	晴	尾之道		4:20					七ツ(4時)出勤、朝御供
			今津	6:12	6:33	0:21	1	28	0	
			山手村	8:42	9:05	0:23	2	0	0	
			神名邊	11:10	11:50	0:40	2	0	0	九ツ(正午)御休、代合す
			高屋	13:45	13:45	0:00	1	24	0	
			七日市	14:48	15:07	0:19	1	12	0	
			堀越	16:39	16:54	0:15	1.5	0	0	
			矢掛	18:00			1	5	0	暮前着す
合計　総距離数44.84km、歩行時間11時間42分、休憩時間1時間58分、総所要時間13時間40分											
21日目	2月12日 3月10日(木)	晴	矢掛		5:25					八ツ半(3時)過出立
			尾崎	7:20	7:37	0:17	2	0	0	
			川邊	8:40	9:13	0:33	1	8	0	
			山手三軒家	10:30	10:53	0:23	1	8	0	
			板倉	12:25	13:00	0:35	1.5	10	0	御休
			三門	14:32	14:50	0:18	1	12	0	
			二本松	16:22	16:40	0:18	1	20	0	
			藤井	17:45			1	10	0	暮時御着、八ツ半(3時)過着
合計　総距離数40.8km、歩行時間9時間56分、休憩時間2時間24分、総所要時間12時間20分											
22日目	2月13日 3月11日(金)	晴	藤井		5:22					六ツ(6時)御立、跡より出立
			一日市	7:15	7:35	0:22	1.5	15	0	伊部立場抜く
			片上	10:05	11:05	1:00	2	8	0	片上坂休
			入中村	12:07	12:25	0:18	1	0	0	
			三ツ石	14:10	14:35	0:25	1.5	0	0	坂之上休
			梨子ヶ原	15:43	16:00	0:17	1	0	0	
			有年(うね)	17:47			2	0	0	七ツ(4時)着
合計　総距離数37.86km、歩行時間10時間03分、休憩時間2時間22分、総所要時間12時間25分											

7．参観の実例（島津斉彬） 91

旅程	日付	天候	宿駅名	到着時間	出発時間	休憩時間	里	町	間	山田為正の記録
23日目	2月14日 3月12日(土)	晴	有年(うね)		5:53					六ツ(6時)出立
			鶴亀新田	7:47	8:15	0:28	1.5	0	0	
			正條	10:01	10:45	0:44	2	0	0	御休、参上・夕御供
			鵤(いかるが)	11:55	12:22	0:27	1	0	0	
			下手野尾村	14:14	14:35	0:21	1	32	0	
			姫路	15:36			1	0	0	七ツ(4時)御着
	合計　総距離数29.02km、歩行時間7時間43分、休憩時間2時間00分、総所要時間9時間43分
24日目	2月15日 3月13日(日)	微雨	姫路		6:22					六ツ(6時)出勤・朝御供、定刻六ツ半(7時)御立
			魚之橋	9:17	9:42	0:25	2.5	0	0	
			加古川	10:50	11:30	0:40	1	6	0	御休(代合す)
			西長池	13:42	14:10	0:28	2.5	0	0	
			大久保	15:10	15:35	0:25	1	0	0	
			大蔵谷	17:12			1.5	0	0	七ツ半(5時)前着す
	合計　総距離数34.04km、歩行時間8時間52分、休憩時間1時間58分、総所要時間10時間50分
25日目	2月16日 3月14日(月)	曇	大蔵谷		5:20					七ツ(4時)前出立
			舞子濱	6:04	6:35	0:31		24	0	
			東須磨	8:38	9:05	0:27	1	25	0	
			兵庫	10:27	11:07	0:40	1.5	0	0	昼飯
			寺内	12:40	12:58	0:18	1.5	0	0	
			住吉	14:01	14:20	0:19	1	0	0	
			西ノ宮	16:10			2.5	0	0	七ツ(4時)御着、九ツ半(1時)着
	合計　総距離数34.8km、歩行時間8時間35分、休憩時間2時間15分、総所要時間10時間50分
26日目	2月17日 3月15日(火)	曇	西ノ宮		3:55					七ツ半(5時)御立、跡より抜上、近道す
			尼ヶ崎	5:35	5:55	0:20	2	0	0	
			神崎	7:25	7:44	0:19	1	0	0	舟渡し3回する
			北野村	9:39	10:35	0:56	1.5	0	0	
			大坂屋敷	11:22			0	30	0	九ツ(12時)
	20.95km		合計	7:27	5:52	1:35	5	12	0	
	合計　総距離数20.95km、歩行時間5時間52分、休憩時間1時間35分、総所要時間7時間27分
27日目	2月18日 3月16日(水)	雨	大坂滞在							城下士10人・郷士60人到着

旅程	日付	天候	宿駅名	到着時間	出発時間	休憩時間	里	町	間	山田為正の記録
28日目	2月19日 3月17日(木)	晴	大坂滞在							伏見へ(30石舟)
29日目	2月20日 3月18日(金)	晴	大坂屋敷							今朝御乗船
			伏見御仮屋							夕方御着
30日目	2月21日 3月19日(土)	晴	伏見滞在							
31日目	2月22日 3月20日(日)	晴	伏見滞在							斉彬が所司代へ(8:23〜9:00)、その後近衛邸へ
32日目	2月23日 3月21日(月)	曇	伏見御仮屋		8:00					六ツ(6時)出勤
			藤之森	8:30	8:53	0:23	0	24	0	ここまで御供
			勧修寺村	10:00	10:19	0:19	1	0	0	
			追分	11:30	11:55	0:25	1	0	0	
			大津	12:40	13:18	0:38	1	0	0	御休(矢走船で草津へ)
			鳥居川	14:51	15:17	0:26	1.5	6	0	
			草津	17:12			2	6	0	八ツ半(3時)着
	合計		総距離数29.46km、歩行時間7時間01分、休憩時間2時間11分、総所要時間9時間12分							
33日目	2月24日 3月22日(火)	晴	草津		5:00					八ツ半(3時)過出立
			梅木村	6:20	6:42	0:22	1.5	0	0	
			石部	7:55	8:12	0:17	1	7	0	
			田川	9:42	10:05	0:23	1.5	6	0	
			水口	11:32	12:17	0:45	1.5	6	0	昼食
			大野村	13:35	14:00	0:25	1.5	0	0	
			土山	15:18	15:39	0:21	1	11	0	
			猪ノ鼻(井ノ花)	16:38	16:48	0:10	1	0	0	
			坂之下	18:20			1.5	0	0	八ツ半(3時)過着(泊番)
	合計		総距離数44.51km、歩行時間10時間37分、休憩時間2時間43分、総所要時間13時間20分							
34日目	2月25日 3月23日(水)	記	坂之下							七ツ半(5時)過御立
			不明(庄野か)				5	0	0	御小休にて抜上
			桑名				6.5	8	0	七ツ半(5時)前着す
	合計		総距離数46.04km、総所要時間12時間							

7．参観の実例（島津斉彬） 93

旅程	日付	天候	宿駅名	到着時間	出発時間	休憩時間	里	町	間	山田為正の記録
35日目	2月26日 3月24日(木)	晴	桑名							七ツ半(5時)出立、乗船尾州侯へ伺う
			宮				7	0	0	宿(政田屋嘉兵衛より酒来る)
	合計　総距離数27.5km、その他不明										
36日目	2月27日 3月25日(金)	晴	宮							七ツ半(5時)出勤、朝御供
			池鯉鮒				4	12	0	御休(先に出る)
			藤川				4.5	30	0	七ツ半(5時)前着
	合計　総距離数37.97km、総所要時間12時間										
37日目	2月28日 3月26日(土)	晴風烈	藤川							七ツ(4時)前出立
			吉田				5.5	13	0	昼食(棒鼻店)
			新井				4.5	6	0	七ツ半(5時)過御着、七ツ(4時)前着
	合計　総距離数41.35km、総所要時間13時間										
38日目	2月29日 3月27日(日)	晴西風強	新井							乗船(御立後から出立)
			舞坂				1	0	0	御休にて抜上る
			浜松				2	30	0	昼飯(東部之方棒鼻店)
			袋井				5.5	4	0	七ツ(4時)前着
	合計　総距離数37.1km、その他不明										
39日目	2月30日 3月28日(月)	晴風烈	袋井							七ツ半(5時)先に出立
			金谷				4	9	0	待上す、夕御供
			藤枝				4.5	14	0	七ツ半(5時)御着
	合計　総距離数37.86km、総所要時間12時間										
40日目	3月1日 3月29日(火)	晴	藤枝							七ツ半(5時)出勤、六ツ(6時)過御立
			不明(丸子か)				3.5	11	0	御小休(山田追着く)
			府中				1.5	0	0	御休(山田役目代り、抜上る)
			興津				3.5	14	0	八ツ半(3時)過着(清見寺見物)
	合計　総距離数36.11km、総所要時間9時間										
41日目	3月2日 3月30日(水)	晴	興津							泊番、御先出立す
			倉澤				1	12	0	鮑・さざえで食事す
			吉原				4.5	12	0	棒鼻店で食事
			沼津				4.5	6	0	八ツ半(4時)前着、七ツ半(5時)過御着
	合計　総距離数42.55km、その他不明										

旅程	日付	天候	宿駅名	到着時間	出発時間	休憩時間	里	町	間	山田為正の記録
42日目	3月3日 3月31日(木)	朝	沼津							六ツ(6時)御立、その後出立
			三島				1.5	0	0	御休(抜上る)
			箱根				3	28	0	昼飯
			小田原				4	8	0	八ツ半(3時)過着
合計	総距離数37.31km、総所要時間9時間										
43日目	3月4日 4月1日(金)	晴	小田原							七ツ半(5時)頃出立
			梅澤							休み(あんこう汁)
			大磯				4	0	0	御休(待上げ、以後御供)
			戸塚				6	3	0	七ツ半(5時)頃御着
	39.6km		合計				10	3	0	
合計	総距離数39.6km、その他不明										
44日目	3月5日 4月2日(土)	晴	戸塚							六ツ半(7時)御立、御供す
			神奈川				3.5	0	0	御小休(玉川屋)、異国船見物(斉彬もか)
			川崎				2.5	0	0	御休(役を交替する)
			品川				2.5	0	0	本宿(坂もと屋)
	33.39km		合計				8.5	0	0	
合計	総距離数33.39km、その他不明										
45日目	3月6日 4月3日(日)	晴	品川							六ツ半(7時)前出勤、四ツ半(11時)御立
			高輪							暫時立寄り
			芝藩邸				1.5	0	0	八ツ時(2時)御本門より御着
	5.9km		合計				1.5	0	0	
合計	総距離数5.9km、総所要時間3時間										

※33日目までは主に「照國公日記」を、以後は山田為正の記録(「安政元年島津斉彬参府御供日記」)を主とし、里程は山田のほかの御供日記(斉彬公記四)を、宿駅間距離は各種資料を参考にした。なお、日付の項目は、上段は和暦(嘉永7年)、下段は西暦(1854年)を表す

　表中の「山田為正の記録」は、「安政元年島津斉彬参府御供日記」である。「御立」など「御」が付くのは斉彬一行のことで、そのほかは、「出立」など山田為正自身の動きを示すものである。彼は役目柄、斉彬出発前に発したり、後から発したりする。

　実施実例として安政元年の斉彬の参府を取り上げたのは、この旅で斉彬が西洋式時計で正確に時間を記しているからである。ただし、その記録は「一

時過九時着」などという表現である。この場合は「1時45分着」を意味する。また、温度の記録もしている。残念ながら、この記録は33日目の鈴鹿峠を下った坂之下（坂下）で途切れる。

　山田為正の記録からいろいろな旅の様相が見えるが、私が関心を持ったのは、35日目に名前がある「政田屋嘉兵衛」である。実は山田のほかの随行記録にもある名前で、商人と思われる彼は旅の便宜を図る業者であり、旅には彼の派遣する使用人が随行していたようである。その人物が山田を接待しているようにも見える箇所がある。

　また、15日目に小郡を出発し、山田は「代番」として終日御供するが、その理由は「務が少々風邪のため」とある。この「務」は、共に小納戸役である早川務（実弟）ではないかと思われるが、他資料等で確認はできていない。

8. 藩士の往還

　江戸時代は薩摩と江戸の間を藩士達が頻繁に往還していた。以下の表は、県公刊史料「旧記雑録」にある記事の中から、発着日付の明確なものを年代順に並べたものである。
　まず、表の用語について説明する。
(1) 帰国謝恩使（帰国御礼之使者）
　　原則、帰国当日に江戸へ派遣され、帰国して復命する。
(2) 「鶴」「鮭」の贈与
　　いずれも将軍から贈られる物で、江戸詰藩士約10人が守って届ける。
　　① 到着日に驛路證印返却使……老中に「驛路證印」を返還する役、藩士約8人。藩邸に残る。
　　② 到着日に御礼使……正式の謝恩使で、将軍に謁見し、御礼を申し上げる。帰国して復命する。
(3) 項目「行先」の表記の意味
　　鹿来る……鹿児島へ来る　　鹿帰る……鹿児島へ帰る
　　江行く……江戸へ行く

表　藩士の江戸往還

番	西暦	和暦	発月	発日	用　件	行先	和暦	着月	着日	日数
1	1656	明暦2	7	22	金山謝礼使（島津久通）	江行く	明暦2	8	26	34日
2	1656	明暦2	9	15	同帰国（島津久通）	鹿帰る	明暦2	10	19	34日
3	1671	寛文11	8	19	琉球使江戸より鹿児島へ	鹿帰る	寛文11	9	29	41日
4	1689	元禄2	8	28	帰国謝恩使（諏訪豊兼）	江行く	元禄2	10	4	36日
5	1692	元禄5	11	3	年首之使（本郷久嘉）	江行く	元禄5	12	14	41日
6	1709	宝永6	10	3	年賀使仁禮頼常江戸へ	江行く	宝永6	11	9	36日
7	1712	正徳2	5	1	知行安堵国元へ連絡	鹿来る	正徳2	6	15	45日
8	1712	正徳2	6	15	知行お礼（島津久健）	江行く	正徳2	8	2	47日

8．藩士の往還　97

番	西暦	和暦	発月	発日	用件	行先	和暦	着月	着日	日数
9	1712	正徳2	8	15	同帰国	鹿帰る	正徳2	10	28	73日
10	1717	享保2	9	21	知行安堵朱印国元へ	鹿来る	享保2	11	9	48日
11	1717	享保2	11	9	知行安堵謝恩使(島津久龍)	江行く	享保2	12	20	42日
12	1721	享保6	1	5	帰国謝恩使(川上久盤)	江行く	享保6	2	10	35日
13	1721	享保6	3	19	同帰国(4/21大坂で継豊に復命)	鹿帰る	享保6	5	19	60日
14	1722	享保7	6	23	帰国謝恩使(祢寝清純)	江行く	享保7	7	26	34日
15	1722	享保7	9	2	同帰国	鹿帰る	享保7	10	16	45日
16	1722	享保7	9	9	継豊へ鮭運ぶ	鹿来る	享保7	10	5	27日
17	1722	享保7	10	5	鮭駅路之證印返却使	江行く	享保7	10	28	24日
18	1722	享保7	10	5	鮭御礼使(島津久儔・山岡久房)	江行く	享保7	11	7	32日
19	1722	享保7	12	15	鮭御礼使帰国	鹿帰る	享保8	1	20	35日
20	1723	享保8	12	1	帰国謝恩使(島津久福)	江行く	享保9	1	3	33日
21	1723	享保8	12	13	継豊へ鶴運ぶ	鹿来る	享保9	1	6	24日
22	1724	享保9	1	6	鶴駅路之證印返却使	江行く	享保9	1	27	22日
23	1724	享保9	1	6	鶴御礼使(島津久龍)	江行く	享保9	2	6	31日
24	1724	享保9	2	2	帰国謝恩使の帰国(島津久福)	鹿帰る	享保9	3	18	46日
25	1725	享保9	2	25	鶴御礼使帰国(島津久龍)	鹿帰る	享保9	4	12	46日
26	1728	享保13	2	6	帰国謝恩使の帰国(島津久福)	鹿帰る	享保13	3	27	50日
27	1730	享保15	7	1	帰国謝恩使(種子島意時)	江行く	享保15	8	3	32日
28	1730	享保15	9	6	同帰国	鹿帰る	享保15	10	17	41日
29	1730	享保15	12	6	継豊へ鶴運ぶ	鹿来る	享保16	1	4	29日
30	1731	享保16	1	4	鶴駅路之證印返却使	江行く	享保16	1	26	23日
31	1731	享保16	1	4	鶴御礼使(島津久珍・平田正輔)	江行く	享保16	2	7	33日
32	1731	享保16	4	5	鶴御礼使帰国	鹿帰る	享保16	5	24	50日
33	1732	享保17	1	13	継豊使(野村良昌)	江行く	享保17	2	18	36日
34	1733	享保18	7	11	帰国謝恩使(祢寝清方)	江行く	享保18	8	13	32日
35	1733	享保18	9	26	同帰国	鹿帰る	享保18	11	3	37日
36	1733	享保18	12	24	継豊へ鶴運ぶ	鹿来る	享保19	1	21	28日
37	1734	享保19	1	21	鶴駅路之證印返却使	江行く	享保19	2	16	25日
38	1734	享保19	1	21	鶴御礼使(島津久甫)	江行く	享保19	3	24	63日
39	1734	享保19	4	2	同帰国	鹿帰る	享保19	6	2	60日
40	1735	享保20	6	18	帰国謝恩使(川上久盤)	江行く	享保20	7	23	35日
41	1735	享保20	9	4	同帰国	鹿帰る	享保20	10	17	44日
42	1740	元文5	12	13	吉貴へ鶴運ぶ	鹿来る	元文6	1	11	29日
43	1741	元文6	1	11	鶴駅路之證印返却使	江行く	元文6	2	5	24日

番	西暦	和暦	発月	発日	用件	行先	和暦	着月	着日	日数
44	1741	元文6	1	11	鶴御礼使(袮寝清香)	江行く	元文6	2	14	33日
45	1741	寛保1	3	19	家宣夫人弔使(山岡久澄)	江行く	寛保1	4	11	22日
46	1741	寛保1	4	17	鶴御礼使帰国	鹿帰る	寛保1	6	23	66日
47	1741	寛保1	5	12	家宣夫人弔使帰国	鹿帰る	寛保1	6	23	42日
48	1743	寛保3	12	18	吉貴へ鶴運ぶ	鹿来る	寛保4	1	15	28日
49	1744	寛保4	1	15	鶴駅路之證印返却使	江行く	寛保4	2	8	23日
50	1744	寛保4	1	15	鶴御礼使(種子島久達)	江行く	寛保4	2	18	33日
51	1744	延享1	3	26	同帰国	鹿帰る	延享1	5	18	52日
52	1745	延享2	7	16	帰国謝恩使(島津久丘)	江行く	延享2	8	18	32日
53	1745	延享2	10	2	同帰国	鹿帰る	延享2	12	7	65日
54	1745	延享2	10	25	宗信へ宝刀運ぶ	鹿来る	延享2	11	21	26日
55	1746	延享3	11	29	吉貴へ鶴運ぶ	鹿来る	延享3	12	26	28日
56	1746	延享3	12	26	鶴駅路之證印返却使	江行く	延享4	1	20	25日
57	1746	延享3	12	26	鶴御礼使(喜入久茂)	江行く	延享4	1	28	33日
58	1747	延享4	3	6	同帰国	鹿帰る	延享4	4	18	42日
59	1747	延享4	6	25	帰国謝恩使(島津久峯)	江行く	延享4	8	2	37日
60	1747	延享4	9	11	宗信へ鮭運ぶ	鹿来る	延享4	10	6	26日
61	1747	延享4	10	6	鮭駅路之證印返却使	江行く	延享4	11	4	28日
62	1747	延享4	10	6	鮭御礼使(島津久丘)	江行く	延享4	11	10	34日
63	1747	延享4	10	28	吉貴への見舞運ぶ	鹿来る	延享4	11	22	24日
64	1747	延享4	11	22	見舞駅路之證印返却使	江行く	延享4	12	16	25日
65	1747	延享4	11	23	見舞御礼使(喜入誉香)	江行く	延享4	12	26	34日
66	1747	延享4	12	4	故吉貴香典御礼使(肝付兼昌)	江行く	延享5	1	9	35日
67	1747	延享4	12	23	宗信へ鶴運ぶ	鹿来る	延享5	1	21	28日
68	1747	延享4	12	27	鮭御礼使帰国	鹿帰る	延享5	2	11	43日
69	1748	延享5	1	18	謝恩使帰国(島津久峯)	鹿帰る	延享5	3	19	61日
70	1748	延享5	1	21	鶴驛路之證印返却使	江行く	延享5	2	28	37日
71	1748	延享5	1	21	鶴御礼使(本郷久綿)	江行く	延享5	3	24	63日
72	1748	延享5	2	8	香典御礼使帰国	鹿帰る	延享5	4	21	74日
73	1748	延享5	4	12	鶴御礼使帰国	鹿帰る	延享5	6	8	56日
74	1749	寛延2	5	18	帰国謝恩使(島津久隆)	江行く	寛延2	6	20	32日
75	1749	寛延2	7	19	同帰国(島津久隆)	鹿帰る	寛延2	8	15	27日
76	1749	寛延2	7	27	三御所宗信見舞奉書	鹿来る	寛延2	8	25	29日
77	1749	寛延2	8	25	粕漬驛路之證印返却使	江行く	寛延2	9	19	24日
78	1751	寛延4	6	21	帰国謝恩使(北郷久傳)	江行く	寛延4	閏6	27	37日

8．藩士の往還　99

番	西暦	和暦	発月	発日	用件	行先	和暦	着月	着日	日数
79	1751	寛延4	閏6	10	吉宗死去弔使(肝付兼昌)	江行く	寛延4	7	7	27日
80	1751	寛延4	8	23	同帰国(北郷久傳)	鹿帰る	寛延4	10	26	63日
81	1751	寛延4	9	19	重年へ鮭運ぶ	鹿来る	寛延4	10	15	27日
82	1751	寛延4	10	15	鮭驛路之證印返却使	江行く	宝暦1	11	11	27日
83	1751	寛延4	10	15	鮭御礼使(島津忠紀・中江員張)	江行く	宝暦1	11	18	34日
84	1751	宝暦1	12	26	同帰国(中江員張)	鹿帰る	宝暦2	3	17	81日
85	1751	宝暦1	12	29	同帰国(島津忠紀)	鹿帰る	宝暦2	3	25	86日
86	1752	宝暦2	12	13	継豊へ鶴運ぶ	鹿来る	宝暦3	1	11	29日
87	1753	宝暦3	1	11	鶴驛路之證印返却使	江行く	宝暦3	2	9	29日
88	1753	宝暦3	1	11	鶴御礼使(肝付兼昌)	江行く	宝暦3	2	18	38日
89	1753	宝暦3	3	19	同帰国	鹿帰る	宝暦3	5	5	46日
90	1753	宝暦3	6	9	帰国謝恩使(喜入久福)	江行く	宝暦3	7	11	32日
91	1753	宝暦3	8	28	同帰国	鹿帰る	宝暦3	11	6	67日
92	1753	宝暦3	12	25	重豪へ鶴運ぶ	鹿来る	宝暦4	1	25	30日
93	1754	宝暦4	1	25	鶴驛路之證印返却使	江行く	宝暦4	2	15	21日
94	1754	宝暦4	1	25	鶴御礼使(島津久亮)	江行く	宝暦4	2	24	30日
95	1754	宝暦4	3	13	同帰国	鹿帰る	宝暦4	4	25	43日
96	1756	宝暦6	1	15	重豪へ鶴運ぶ	鹿来る	宝暦6	2	15	31日
97	1756	宝暦6	2	15	鶴驛路之證印返却使	鹿来る	宝暦6	3	12	28日
98	1756	宝暦6	2	15	鶴御礼使(島津久隆)	鹿来る	宝暦6	3	17	33日
99	1756	宝暦6	11	3	監国使送る(岩下方峯)	江行く	宝暦6	閏11	12	40日
100	1758	宝暦8	12	6	継豊へ鶴運ぶ	鹿来る	宝暦9	1	6	31日
101	1758	宝暦9	1	6	鶴驛路之證印返却使	江行く	宝暦9	2	3	27日
102	1758	宝暦9	1	6	鶴御礼使(種子島久芳)	江行く	宝暦9	2	9	33日
103	1761	宝暦11	6	23	帰国謝恩使(島津久芳)	江行く	宝暦11	7	23	31日
104	1761	宝暦11	10	3	同帰国(島津久芳)	鹿帰る	宝暦11	11	24	51日
105	1761	宝暦11	9	18	重豪へ鮭運ぶ	鹿来る	宝暦11	10	18	31日
106	1761	宝暦11	10	18	鮭驛路之證印返却使	江行く	宝暦11	11	17	29日
107	1761	宝暦11	10	18	鮭御礼使(島津久般)	江行く	宝暦11	11	23	35日
108	1763	宝暦13	6	21	帰国謝恩使(北郷久富)	江行く	宝暦13	8	5	44日
109	1763	宝暦13	7	18	琉球使継使(清水盛容)	江行く	宝暦13	8	27	40日
110	1763	宝暦13	10	15	琉球使継使報告(田中甚助)	鹿来る	宝暦13	11	20	36日
111	1764	宝暦14	1	16	重豪へ鶴運ぶ	鹿来る	宝暦14	2	15	30日
112	1764	宝暦14	2	15	鶴驛路之證印返却使	江行く	宝暦14	3	14	29日
113	1764	宝暦14	2	15	鶴御礼使(島津貴澄)	江行く	宝暦14	4	3	48日

番	西暦	和暦	発月	発日	用件	行先	和暦	着月	着日	日数
114	1764	宝暦14	5	13	同帰国	鹿帰る	明和1	7	9	56日
115	1765	明和2	6	22	帰国謝恩使(鎌田政為)	江行く	明和2	7	24	33日
116	1765	明和2	9	9	同帰国	鹿帰る	明和2	10	15	36日
117	1767	明和4	6	6	帰国謝恩使(小松清行)	江行く	明和4	7	9	34日
118	1767	明和4	8	11	同帰国	鹿帰る	明和4	9	21	41日
119	1767	明和4	12	19	重豪へ鶴運ぶ	鹿来る	明和5	1	18	29日
120	1768	明和5	1	18	鶴驛路之證印返却使	江行く	明和5	2	13	26日
121	1768	明和5	1	18	鶴御礼使(入来院定救)	江行く	明和5	2	19	32日
122	1768	明和5	9	15	同帰国	鹿帰る	明和5	11	14	59日
123	1769	明和6	12	13	帰国謝恩使の帰国(義岡久賢)	鹿帰る	明和7	1	24	42日
124	1771	明和8	8	18	帰国謝恩使(末川久救)	江行く	明和8	9	21	33日
125	1771	明和8	11	15	同帰国	鹿帰る	明和9	1	20	66日
126	1771	明和8	12	27	重豪へ鶴運ぶ	鹿来る	明和9	1	22	26日
127	1772	明和9	1	22	鶴驛路之證印返却使	江行く	明和9	2	16	24日
128	1772	明和9	1	22	鶴御礼使(島津久容)	江行く	明和9	2	24	32日
129	1772	明和9	3	24	同帰国	鹿帰る	明和9	6	1	67日
130	1773	安永2	3	5	織田信方を送る(中村種暁)	江行く	安永2	閏3	21	47日
131	1773	安永2	4	25	帰国謝恩使(島津久前)	江行く	安永2	5	28	34日
132	1773	安永2	7	11	同帰国	鹿帰る	安永2	9	28	77日
133	1775	安永4	6	4	帰国謝恩使(島津久邦)	江行く	安永4	7	8	34日
134	1775	安永4	8	13	同帰国	鹿帰る	安永4	9	29	47日
135	1780	安永9	8	27	琉球弔使継使(岸良兼平)	江行く	安永9	10	4	37日
136	1780	安永9	11	21	同帰国	鹿帰る	安永10	1	2	41日
137	1783	天明3	9	6	琉球使継使(野元盛昌)	江行く	天明3	10	12	37日
138	1783	天明3	11	27	琉球使継使報告(新納時高)	鹿来る	天明3	12	21	25日
139	1783	天明3	12	19	江戸へ鶴・鴈運ぶ(二階堂行撰)	江行く	天明4	1	16	27日
140	1792	寛政4	10	22	帰国謝恩使(谷村純章)	江行く	寛政4	11	24	33日
141	1806	文化2	5	11	帰国謝恩使(町田久視)	江行く	文化2	6	14	33日
142	1858	安政5	7	16	斉彬死去報告(島津久福)	江行く	安政5	8	26	40日
									合計	5431日
									平均	38日

参観交替の参観57日、下国52日の平均日数からすると、この表の平均日数38日は短い。「鹿来る」と「江行く」の時は急ぐので、平均は32日余とさらに短い。ところが用が終わって帰鹿する時は52日余となり、参観交替下国の時とあまり変わらない。

　ところで、江戸と薩摩の間には常時書簡が交わされた。「旧記雑録」で月日のはっきりしている事例では、最短15日から最長62日である。平均的には20日前後であった。また、2例ではあるが「飛脚」では20日と21日である。

　参考のため、「江戸御国早御使・中急御使日数定」(「島津家歴代制度巻之二十」)にある記事を紹介する。

(1) 早追、細嶋筋……鹿児島・細嶋日数2日半、船中日数8日、東海道日数6日、合日数16日半
(2) 中急、細嶋筋……鹿児島・細嶋日数3日半、船中日数12日、東海道日数8日、合日数23日半
(3) 早追、小倉筋……鹿児島・小倉日数5日、船中日数6日、東海道日数6日、合日数17日
(4) 中急、小倉筋……鹿児島・小倉日数7日、船中日数7日、東海道日数8日、合日数22日

9．宿駅の利用状況

　宿駅については1800年代以前の資料には、全宿駅を網羅した事例は見当たらなかったので、幕末の資料により、どの宿場に宿泊して旅したのかを表にした。

表1　宿駅の巡次

番号	宿駅	鎌田上る 嘉永元 1848	鎌田下る 嘉永四 1851	斉彬下国 嘉永四 1851	斉彬参観 嘉永五 1852	斉彬下国 嘉永六 1853	斉彬参観 嘉永七 1854	小松上る 安政二 1855	小松下る 安政二 1855	鎌田上る 安政三 1856
1	伊集院	1	29					1	28	
2	苗代川			45	1	41	1			
3	市来湊									1
4	永利	2								
5	向田		28	44	2	40	2	2	27	
6	阿久根	3	27	43	3	39	3	3	26	2
7	出水	4		42	4	38	4		船〜出水 日奈久	
8	米之津	5								
9	水俣							4		3
10	佐敷	6		41	5	37	5			
11	日奈久		26	40				5		4
12	八代	7			6	36	6			
13	宇土							6	25	
14	川尻	8	25	39	7	35	7			5
15	山鹿	9	24	38	8	34	8	7	24	
16	南之關									6
17	瀬高	10		37	9	33	9	8	23	
18	府中		23							
19	松崎	11		36	10	32				7
20	山家							10	9	22
21	飯塚	12	22	35	11	31	11			8
22	木屋之瀬			34				10	21	
23	小倉	13	21	33	12	30	12	11		9
24	下之関	14		32	13			12		10
25	炭崎之鼻(船)							13		

9．宿駅の利用状況　103

番号	宿駅	鎌田上る 嘉永元 1848	鎌田下る 嘉永四 1851	斉彬下国 嘉永四 1851	斉彬参観 嘉永五 1852	斉彬下国 嘉永六 1853	斉彬参観 嘉永七 1854	小松上る 安政二 1855	小松下る 安政二 1855	鎌田上る 安政三 1856
26	田之浦(船)	15							14	
27	吉田			31		13				
28	船木				14	29				
29	本山(船)								20	
30	砂々三崎(船)						15			
31	小郡			30		14				
32	今市・宮市				15	28				
33	三田尻(船)		20							
34	福川			29		15				
35	花岡				16	27				
36	室積								19	
37	玖河			28		16				
38	上之関(船)・室津	16	19					16	18	
39	関戸				17	26				
40	玖波			27						
41	廿日市				18	25	17			
42	加室(沖の家室)								11	
43	広島			26						
44	西條四日市			25	19	24	18			
45	御手洗	17								
46	三原			24	20					
47	尾之道				23	19				
48	鞆(船)		18				17			
49	神名辺(神辺)			23	21					
50	矢掛			22		22	20			
51	板倉			21	22					
52	藤井				23	21	21			
53	片上			20	24					
54	有年(うね)					20	22			
55	正條				19	25				
56	室津		18	17						
57	投石(なげいし)(船)							18		
58	姫路					19	23			
59	加古川				18					
60	大久保				26					
61	兵庫				17					12
62	明石			16						
63	大蔵谷					18	24			
64	西之宮				27	17	25			13

※ 大坂より2泊船（17・16）

番号	宿駅	鎌田 上る 嘉永元 1848	鎌田 下る 嘉永四 1851	斉彬 下国 嘉永四 1851	斉彬 参観 嘉永五 1852	斉彬 下国 嘉永六 1853	斉彬 参観 嘉永七 1854	小松 上る 安政二 1855	小松 下る 安政二 1855	鎌田 上る 安政三 1856
65	大坂	19	15	16	28	16	26	19	15	14
66	京都(六角・三条)	20							14	
67	伏見		14	15	29	15	27	20		15
68	大津(53)		13	14						
69	草津(52)	21			30		28	21	13	16
70	石部(51)									
71	水口(50)		12	13						
72	土山(49)							22	12	
73	坂之下(坂下)(48)	22			31		29			17
74	関(47)									
75	亀山(46)		11	12						
76	庄野(45)									
77	石薬師(44)									
78	四日市(43)							23	11	
79	桑名(42)	23	10	11	32		30			
80	宮(41)			10	33		31	24	10	18
81	鳴海(40)	24	9							
82	池鯉鮒(39)									19
83	岡崎(38)			9					9	
84	藤川(37)				34		32	25		
85	赤坂(36)		8							
86	御油(35)	25				中山道14宿				
87	吉田(34)									20
88	二川(33)									
89	白須賀(32)			8					8	
90	新居(荒井)(31)				35		33	26		
91	舞坂(30)		7							
92	浜松(29)	26					27			
93	見附(28)			7				7	21	
94	袋井(27)				36		34			
95	掛川(26)		6							
96	日坂(25)	27					28			
97	金谷(24)							6		
98	島田(23)									
99	藤枝(22)			6	37		35			22
100	岡部(21)									
101	鞠子(丸子)(20)	28					29			
102	府中(19)		5					5		
103	江尻(18)									

9．宿駅の利用状況　105

番号	宿駅	鎌田 上る 嘉永元 1848	鎌田 下る 嘉永四 1851	斉彬 下国 嘉永四 1851	斉彬 参観 嘉永五 1852	斉彬 下国 嘉永六 1853	斉彬 参観 嘉永七 1854	小松 上る 安政二 1855	小松 下る 安政二 1855	鎌田 上る 安政三 1856
104	興津(17)		5	38		36	30			
105	由比(油井)(16)							31		23
106	蒲原(15)	29								
107	吉原(14)		4						4	
108	原(13)									
109	沼津(12)				39		37			
110	三島(11)	30		4		中		32		24
111	箱根(10)		3			山			3	
112	小田原(9)	31		3	40	道	38	33		
113	大磯(8)		2			14			2	
114	平塚(7)	32				宿				25
115	藤沢(6)				2			34		
116	戸塚(5)						39			
117	程ヶ谷(保土ヶ谷)(4)	33			1					
118	神奈川(3)		1		41		40		1	
119	川崎宿(2)							35		
120	品川(1)									

※数字は宿泊した順番を示すもので、逗留場合は「～」としてある。参観交替の場合は大坂・伏見では藩邸への宿泊を意味するが、個人の旅は必ずしもそうではない
※江戸へ向かう時は最初の1泊目を、帰って来る場合は最終泊を示す
※斉彬一行は、1853（嘉永6）年は中山道を利用し、東海道は利用していないので、その部分は空白にしてある
※船便の泊記録での地名は、陸地の街道との位置関係を考えて挿入した
※宿駅名の後ろの（数字）は東海道宿場順、（船）は船中泊、（川）は川の名称である
※姓名略は、鎌田：鎌田政純、斉彬：島津斉彬、小松：小松帯刀（清廉）
※番号32の今市・宮市は、防府市今市町、東隣の宮市町

　この表を元に、次の表2・3を作成した。

表2　街道別の旅宿数

街道 \ 人名・年代	鎌田 嘉永元 1848	鎌田 嘉永四 1851	斉彬 嘉永四 1851	斉彬 嘉永五 1852	斉彬 嘉永六 1853	斉彬 安政元 1854	小松 安政二 1855	小松 安政二 1855	鎌田 安政三 1856
九州道（〜小倉）	13	9	13	12	12	12	11	8	9
山陽道（下関〜大坂）	6	6	17	16	14	14	8	6	5
東海道（京都・伏見〜品川）	13	14	15	13	1	14	16	14	11

※伏見と大坂の間は船で1日かかる。表では京都・伏見からを東海道と見なした
※斉彬の1853（嘉永6）年の道程については中山道利用のため、東海道欄の「1」は伏見である

　表2で最も特色があるのは、下関から大坂までである。鎌田は5泊か6泊で、小松は5泊か7泊で移動している。これは鎌田・小松が民間の船を利用して旅宿数を少なくしているからである。また、鎌田・小松は九州内でも日奈久から米ノ津か阿久根まで船の利用をしている。

表3　東海道の旅宿数

	斉彬	小松	鎌田
西暦年	1854	1855	1856
和暦年	安政元	安政二	安政三
東海道km	475.3	475.3	475.3
旅宿数	13	13	10
平均km	36.5	36.6	47.5
最長km	53.9	47.7	54.9
最短km	27.5	24.2	38.6

※表は江戸から草津までの旅宿数（泊数）を示す。滞在・逗留した期間は除いた

　旅宿数が一番少ない鎌田は、平均km、最長km、最短kmの全てにおいて移動距離が長い。

10. まとめ

　最後に、今後の研究への提議としたいという思いで、以下にまとめを記す。

10.1　参観交替について分かったこと

(1) 妻子を江戸に置くのは島津氏が提唱し、率先して始めた。
(2) 参観交替は現藩主の大名がするのは当然だが、実際は前藩主であるその父、後継者であるその子も江戸と往復している。
(3) 薩摩藩の参観交替のコースは時代と共に変遷した。はじめは西海路・日向路であったが、次第に九州路となる。また、瀬戸内海を船で渡るのも、陸路中国路を取るようになる。そしてさらに新しい交通手段となる蒸気船が登場した時に終わったことに時代の転換を感じる。
(4) 参観交替に伴う種々の礼式があったが、特に謝恩使という「帰国謝礼之使」がいたことが分かった。
(5) 参観交替は事情によっては中止できる。薩摩藩は、藩主・前藩主が病気であることを理由に、幕府に申請して中止している。ただ、その理由が単に病気ということだけなのか、財政的事情もからんだ上で病気を名目にしたのか、判断の難しいところである。
(6) 薩摩藩では、新藩主就任後の初めてのお国入りである「初入部」の時は、藩内各宿泊地で独自の催しものをして新藩主を歓迎した。

10.2　未解決の課題

(1) 参観交替で江戸にいる藩士のための米は、鹿児島から運んだともあるが、その実相を解明するに至らなかった。
(2) 参観交替に供奉した人物、山田為正の日記に、「政田屋」という店の

手代らしき人物がいて、山田と飲食したりしている（前述）。藩士であるお供衆や一時的な雇い人足とは別に、このようなお抱えの商人を雇っていたと考えられる。その役割など詳細は分からないが、雇い人足のことや宿などの道中の手配をしていたのではなかろうか。

(3) 江戸で生まれた薩摩藩士の子弟が、在江戸の藩士として登用されたようであるが、実態は詳しくは分からない。

　1755（宝暦5）年4月16日付の江戸から国元への書状に、「江戸詰2、3男の件」として、
　①　登る人数の減のため御番に登用したが、今後は嫡子だけにする
　②　一身格奉公や他所罷出も勝手次第とする
　③　2男以下でも芸能ある者、または思し召しある者は格別とする
　また、「居附士多人数となり国元から差越人数に差し支えがある」ともあり、江戸藩邸独自の任用があったことが伺われる。

　なお、この書状の日付の4月16日は木曽川改修工事の点検の始まった日である。

(4) 西海路・日向路の参観交替の船の往来については研究できなかった。資料の存在の有無も含めて、今後の課題である。

　1638（寛永15）年3月17日、2代光久の参観行列が鹿児島を出発した。一行は3月22日阿久根を出帆、西海路を経て筑前芦屋、長門の赤間関と旅し、4月2日芸州「からうと」に着く。そして大坂を経て4月24日江戸に到着した。この旅に御供した家老が伊勢貞昌（兵部少輔）である。4月2日付の江戸への返書に「今芸州からうと」と記している。この「からうと」が当初分からなかった。いろいろ調べてこれが「鹿老渡」であると分かった。「鹿老渡」は、広島県呉市の倉橋島（倉橋町）の南端にある小さな島である。ここの湊は天然の良港で、参観交替の大名の船がよく寄港した。本陣も設けられていた。

(5) 江戸藩邸の藩士の生活実態については研究課題としなかったが、「旧記雑録追録」（追録7：1472）には以下のような記事がある。

　1815（文化12）年12月「家老中へ」（一部省略の上、箇条書きとした）
　①　屋敷中風俗容貌言語や取締りは毎度申し聞かせている

② 頃日に至り間には外方参会等相催すと聞く（当時は所帯向き等極々難渋）
③ 折々屋敷内諸所で相集酒宴、祝事等の節の身分不相応仕向けのこと
④ 言語容貌等は何度も申し聞かせるが直らず、なかでも江戸勤役中は外方応答もあるので折々心がけ、守らない者は江戸や他所勤めしてはならない
⑤ これらの趣を申し聞かすこと

これは、前々藩主である 8 代重豪の命と考える。「言語容貌等」は、彼の記事によく見る常用語である。

10.3　まとめの最後に

　私は、参観交替の諸様相を研究すれば、江戸時代の政治・経済・文化すべてに関わる研究となるのでは、と考えている。しかし、今回はその具体的な様相を解明するには至らなかった。まだまだこれからの研究が必要であると強く感じる。もっとも、私は最初から江戸との往復の日数を主研究課題としていたので、その目的はほぼ達成したと考えている。

　今後は、参観交替のいわゆる財政的な側面、旅を支える制度などの解明が課題となるであろう。

　最後に、この研究が参観交替研究の礎となれば幸いである。諸氏の引き継がれんことを期待して、つたない私の論稿の締めとする。

附録資料

歴代薩摩藩主の記録

代	藩主	襲封(西暦)	致仕(西暦)	死去(西暦)	治世(年)	参観(回)	帰国(回)	死去地	法名	享年(歳)
1	家久	1617		1638	21	5	5	鹿児島	慈眼院	63
2	光久	1638	1687	1694	49	28	29	鹿児島	寛陽院	79
	綱久			1673		8	8	江戸	泰清院	42
3	綱貴	1687		1704	17	17	17	江戸	大玄院	55
4	吉貴	1704	1721	1747	17	13	13	鹿児島	浄国院	73
5	継豊	1721	1746	1760	25	8	9	鹿児島	宥邦院	60
6	宗信	1746		1749	3	2	3	鹿児島	慈徳院	21
7	重年	1749		1755	6	3	2	江戸	円徳院	27
8	重豪	1755	1787	1833	32	14	16	江戸	大信院	89
9	斉宣	1787	1809	1841	22	11	11	江戸	大慈院	69
10	斉興	1809	1851	1859	42	19	18	鹿児島	金剛定院	69
11	斉彬	1851		1858	7	4	5	鹿児島	順聖院	50
12	忠義	1858				1	1			
				合計		133	137			

※「治世」は藩主期間を示す。また回数は襲封前、隠居後も含む（1624年以降）
※光久の子、綱久は襲封前に死去した

　12代藩主の忠義は、参観交替制度がまもなく終了したので除外し、逆に綱久は含めて考えると、12名のうち7名が鹿児島で死去、5名は江戸で死去している。同じ比率では考えてはいけないだろうが、藩士の場合も同様であったと考える。このような時、江戸でよく登場するのは芝の大圓寺である。
　江戸で死去した藩主の事例を以下に記す。

　　1704（宝永元）年9月19日、6月以来病気であった3代藩主綱貴が死去した。享年55歳。芝の大圓寺で葬儀が行われた。9月27日には「護遺

体」一行が江戸を発した。川上久重（式部）・野村廣貫（太左衛門）・諏訪兼秩（市右衛門）等が御供した。一行は東海道・美濃路を経て10月12日伏見、翌13日には大坂へ到着、滞在する。同16日大坂を発し、中国路を経て赤間関から船で大裏（大里）に着いたのは11月6日だった。以後、九州街道を経て、11月16日出水、翌17日阿久根蓮華寺、18日川内称名寺、19日伊集院雪窓院、20日夜戌時福昌寺に到着した。61日かかっている。そして、24日葬儀が行われた。

時刻と方角

時刻			方角
子	午後11時～午前1時	九つ	北
丑	午前1時～午前3時	八つ	北東(艮)
寅	午前3時～午前5時	七つ	
卯	午前5時～午前7時	六つ	東
辰	午前7時～午前9時	五つ	南東(巽)
巳	午前9時～午前11時	四つ	
午	午前11時～午後1時	九つ	南
未	午後1時～午後3時	八つ	南西(坤)
申	午後3時～午後5時	七つ	
酉	午後5時～午後7時	六つ	西
戌	午後7時～午後9時	五つ	北西(乾)
亥	午後9時～午後11時	四つ	

　時刻表示は様々あり、この表だけではない。九つから四つへ数えるやり方は、昼夜の時間の違いにより、実際の時間とは異なる。また子以下の12区分された時間は、時刻3分法（上刻・中刻・下刻）と時刻4分法（一刻・二刻・三刻・四刻）に細分化される。

東海道五十三次里程表

宿順	宿場名	かな	次宿まで(km)	里	町	間	宿順	宿場名	かな	次宿まで(km)	里	町	間
出発	日本橋	にほんばし	7.9	2			28	見附	みつけ	16.5	4	7	
1	品川	しながわ	9.8	2	18		29	浜松	はままつ	10.9	2	28	
2	川崎	かわさき	9.8	2	18		30	舞阪	まいさか	5.9	1	18	
3	神奈川	かながわ	4.9	1	9		31	新居	あらい	6.5	1	24	
4	保土ヶ谷	ほどがや	8.8	2	9		32	白須賀	しらすか	5.8	1	17	
5	戸塚	とつか	7.9	2			33	二川	ふたがわ	6.1	1	20	
6	藤沢	ふじさわ	13.7	3	18		34	吉田	よしだ	10.3	2	22	
7	平塚	ひらつか	2.9		27		35	御油	ごゆ	1.7		16	
8	大磯	おおいそ	15.7	4			36	赤坂	あかさか	8.8	2	9	
9	小田原	おだわら	16.6	4	8		37	藤川	ふじかわ	6.7	1	25	
10	箱根	はこね	14.8	3	28		38	岡崎	おかざき	15	3	29	22
11	三島	みしま	5.9	1	18		39	池鯉鮒	ちりゅう	11.1	2	30	
12	沼津	ぬまづ	5.9	1	18		40	鳴海	なるみ	6.5	1	24	
13	原	はら	11.8	3		22	41	宮	みや	27.5	7		
14	吉原	よしわら	11.1	2	30		42	桑名	くわな	12.7	3	8	
15	蒲原	かんばら	3.9	1			43	四日市	よっかいち	10.6	2	25	
16	由比	ゆい	9.2	2	12		44	石薬師	いしやくし	2.7		25	
17	興津	おきつ	4.1	1	2		45	庄野	しょうの	7.9	2		
18	江尻	えじり	10.6	2	25		46	亀山	かめやま	5.9	1	18	
19	府中	ふちゅう	5.7	1	16		47	関	せき	6.5	1	24	
20	丸子	まりこ	7.9	2			48	坂下	さかした	9.8	2	18	
21	岡部	おかべ	6.8	1	26		49	土山	つちやま	10.6	2	25	
22	藤枝	ふじえだ	8.7	2	8		50	水口	みなくち	13.7	3	18	
23	島田	しまだ	3.9	1			51	石部	いしべ	11.7	2	35	
24	金谷	かなや	6.5	1	24		52	草津	くさつ	14.4	3	24	
25	日坂	にっさか	7.1	1	29		53	大津	おおつ	11.8	3		
26	掛川	かけがわ	9.6	2	16		到着	京都	きょうと				
27	袋井	ふくろい	5.9	1	18								

※諸書で微妙に異なるので、参考例としてあげた

あとがき

　1987（昭和62）年、表計算ソフト「MultiPlan」を学ぶ。やがて「Lotus1・2・3」へ代わるが、私は毎日の業務に使いつつも、これを活用した歴史研究はできないかといつも考えていた。

　それまで高校日本史の教師であった私は、1992（平成4）年、武岡台養護学校（当時）へ転任した。たまたまある原稿を書くために鹿児島県史料「旧記雑録」を読むことになり、参観交替に関する記事を何回も目にした。最後の勤務校となった鹿児島聾学校の図書館には「旧記雑録」が全巻揃っていた。そうして1999（平成11）年6月、「参観交替」の研究を始めた。主テーマは「薩摩から江戸まで何日かかったか」である。使用したのは、着任以来ほとんど毎日使っていた表計算ソフト「Excel」である。2000（平成12）年夏には一通り研究をまとめ、プリント版「薩摩藩の参観交替」を印刷して諸兄に送付した。2007（平成19）年、もうひとつの課題の「江戸」までの歩き旅を終え、その記録をまとめた。そして、既に完成していた「薩摩藩の参観交替」の研究とともに新たな「薩摩藩の参観交替・附録平成参観交替の旅」（自費出版）を作成、主に知人や公共図書館・高校などへ差し上げた。

　今回はその本の本編部分に加筆・修正を加えて、正式に出版することにした。お願いしたのは南日本新聞「南風録」で見かけたラグーナ出版である。突然訪問していきなり依頼したが快くお引き受けいただいた。そして私の拙い論稿をうまく編集していただいた。大いに感謝している。

　令和元年11月吉日

　　　　　　　　　　　　　　　　　　　　　上野堯史（Ueno Takafumi）

■著者紹介

上野堯史（うえの・たかふみ）

1942年生まれ
鹿児島県立甲南高等学校卒
熊本大学法文学部史学科国史学専攻卒
1965年県立川辺高等学校教諭となり、以後鹿屋・甲陵・大島・国分の各高等学校に勤める
1992年県立武岡台養護学校教諭となる
1998年県立鹿児島聾学校教諭となる
2002年同校退職
2003年10月〜2004年3月鹿児島高専非常勤講師

●共同執筆
「薩軍城山帰還路調査」（薩軍城山帰還路調査会編、南方新社）

●単独執筆
「鹿児島士人名抄録」（高城書房）
「薩摩藩の参観交替」（非売品）

薩摩藩の参観交替
―江戸まで何日かかったか―

2019年11月16日　第1刷発行
2020年1月30日　第2刷発行

著　者　上野堯史

発行者　川畑善博

発行所　株式会社ラグーナ出版
　　　　〒892-0847 鹿児島市西千石町3-26-3F
　　　　電話 099-219-9750　FAX 099-219-9701
　　　　ＵＲＬ　http://lagunapublishing.co.jp
　　　　e-mail　info@lagunapublishing.co.jp

装丁　福田智洋

印刷・製本　シナノ書籍印刷株式会社

定価はカバーに表示しています
落丁・乱丁はお取り替えします
ISBN978-4-904380-78-9 C3021
© Takafumi Ueno 2019, Printed in Japan

装丁・本文レイアウト………中垣信夫＋冨木愛（中垣デザイン事務所）
表紙装画………竹田知代
編集協力………應和邦昭

花(はな)・人(ひと)・情(なさけ)

細川呉港

花・人・情
めぐり逢いこそ人生

細川呉港

愛育出版